로하스 게이트볼

朴祥旭, 李武演, 沈香輔, 金載興, 崔允成 共著

머리말

인간은 누구나 건강을 가장 중요시 생각하고 최대의 행복으로 생각하며, 이와 같은 삶은 모든 사람들이 가장 추구하고 염원하는 소망이기도 하다.

"제물을 잃은 것은 조금 잃은 것이요, 명예를 잃은 것은 많이 잃은 것이요, 건강을 잃은 것은 전부를 다 잃어버린 것이다." 라는 말은 건강의 중요성을 강조한 어떠한 말보다도 더 적절한 표현이라고 생각한다.

21세기는 지식, 정보, 통신, 디지털 시대가 날로 확장되어 인터넷을 무대로 사이버 공간과 현실 세계를 오가며 삶을 누리는 새로운 시대의 도래로 우리의 일상생활은 점점 편리해진 반면 잘못된 생활 습관과 더불어 인간의 가장 기본적인 신체활동은 감소하여 체력저하와 운동능력의 저하 등으로 인해 각종 성인병으로 우리의 삶 속에 많은 부작용을 낳게 되었다. 즉, 운동부족의 경향은 이른바 선진국에서도 공통된 문제가 되고 있으며 이것을 극복하기 위해 스포츠와 운동이 개인 또는 국가적으로 이루어지고 있다.

본서는 게이트볼을 통한 세대 간의 커뮤니케이션 증진, 건강의 유지 증진과 로하스 및 건강한 복지사회로의 지향에 조금이나마 도움이 되고자 했으며, 좀 더 보편화되고 전문적이길 바라며 예비 지도자들을 위해 체계적이고 균형 잡힌 교육을 제안하고 있다. 이 책이 게이트볼 지도자뿐만 아니라 사회복지를 위해서 노력하는 분들에게도 도움이 되어 준다면 더 이상 바람이 없을 것이다.

아울러 부족한 점이 많음에도 불구하고 이 책을 펴낼 수 있도록 그동안 격려해 주시고 힘이 되어 주신 게이트볼협회 직원 분들께 감사드리며, 본서가 완성되기까지 도움을 주신 출판사 사장님을 비롯한 편집관계자 여러분께도 진심으로 감사를 드린다.

2010년 8월

저자일동

차 례

제1장 게이트볼의 정의

1. 게이트볼의 유래 ··· 1
2. 게이트볼이란 ··· 2
3. 게이트볼의 즐거움 ··· 3

제2장 게이트볼 경기장 및 용구

1. 경기장 및 용구 ··· 7
2. 팀 ··· 12

제3장 경기 준비 단계

1. 승패 ··· 15
2. 경기의 준비 ··· 17
3. 경기 ··· 17
4. 경기중단·연기 및 중지 ··· 32
5. 심판원 ··· 32

제4장 게이트볼의 멤버 구성

1. 팀의 편성 ···· 35
2. 감독의 역할 ···· 36

제5장 경기의 심판요령

1. 심판 의무와 권한 ···· 37
2. 심판 방법 ···· 38
3. 경기 개시 전 ···· 39
4. 경기 개시 및 경기 개시 후 ···· 41

제6장 경기의 기본 규칙

1. 타격이란 ···· 47
2. 타격의 기본을 잘 알아야 한다. ···· 49
3. 타격의 효과적 연습법 ···· 53
4. 게이트 통과 판정 ···· 56
5. 게이트 통과 룰 ···· 57
6. 게이트 통과 연습 ···· 59
7. 터치 플레이 ···· 60
8. 터치의 연습 ···· 63
9. 스파크 타격의 경기 ···· 63
10. 스파크 타격의 연습 ···· 68
11. 완료 플레이 ···· 71

제7장 타격 연습

1. 스틱을 쥐는 법 …… 73
2. 기본적인 연습요령 …… 75
3. 공을 칠 때의 타격자세 및 요령 …… 76

제8장 게이트볼의 반칙

1. 타격에서의 반칙 …… 79
2. 타순 실수는 팀의 손해 …… 80
3. 촉구 위반과 부정촉구 …… 81
4. 아웃 볼로 쳐서 넣기 …… 82
5. 터치에 의한 반칙 …… 83
6. 스파크 타격에서의 반칙 …… 83
7. 코트나 게이트의 변경 …… 84
8. 부정 출발 반칙 …… 85
9. 볼 이동 원칙 …… 86
10. 연속 경기를 목표로 …… 87
11. 경기 중 반칙사례 발췌 및 공의 조치 …… 90

제9장 게임의 진행 방법

1. 경기를 시작하기 전에 …… 93
2. 게임의 게시 …… 95
3. 제1게이트 통과 …… 95
4. 아웃 볼 …… 95
5. 터치와 스파크 타격 …… 98

6. 제2, 제3게이트의 통과 ········ 99
7. 게임 중 경기자의 위치 ········ 100
8. 경기자의 교체 ········ 100
9. 완료 ········ 101
10. 경기종료 ········ 102
11. 승패를 정하는 방법 ········ 102
12. 몰수 시합과 경기 중지 ········ 104

제10장 게이트볼의 작전

1. 전반전의 작전 포인트 - 제1게이트 통과 후의 작전 ········ 105
2. 종반전의 작전 포인트 - 골폴전의 공방 ········ 108
3. 최종 선수의 역전 플레이 ········ 108

제11장 팀 경기의 테크닉

1. 상대를 아웃시킨다. ········ 111
2. 일발 역전으로 보내는 구(공) 전법 ········ 113
3. 게이트 주변의 공방전 ········ 114

▪ 부록 1 심판원의 경기 준비 절차(세레모니) 및 진행 방법 ········ 119
▪ 부록 2 게이트볼 용어 ········ 129

▪ 참고문헌 ········ 137

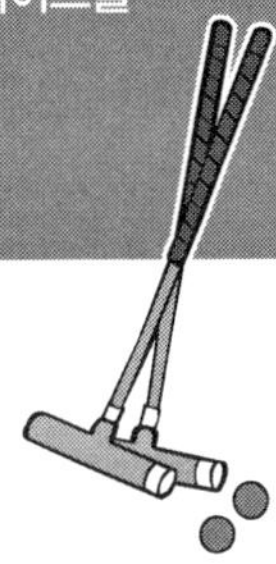

제 1 장

게이트볼의 정의

1 게이트볼의 유래

최근에 생활체육 종목 중 가장 많은 사랑과 관심을 받고 있는 게이트볼은 한때 유럽에서 유행했던 크로케(croquet)에 창안하여 고안한 것이며, 크로케(Croquet)의 기원은 페일메일(Paille maille)이었다고 전해지고 있다.

페일메일(Paille maille)은 13세기 초 프랑스의 농민들이 즐겨하던 놀이인데, 이 경기는 양치기들이 사용하는 끝이 굽은 막대(이것을 Crook이라고 하며 Croquet의 어원이라고 함)로 공을 쳐서 수양버들나무 가지로 만든 문(후프)을 통과시키는 것이었다.

그 후 페일메일(Paille maille)이 발전하여 크로케(Croquet)가 되었고, 17세기 경에 영·미전역으로 퍼졌으며, 1850년 전후에 용구 및 경기지침서가 판매되었다고 전해지고 있다.

1947년 일본인 스즈키(鈴木和伸)씨가 크로케에서 힌트를 얻어 게이트볼을 고안했다고 하며, 1953년에는 「일본게이트볼협회」가 설립되어 본격적으로 보급에 힘썼지만 좋은 반응은 얻지 못하였다가 1960년경에는 협회활동이 휴면상태에 빠지고 말았다.

그 뒤 「구주」의 「구마모드」 현에서 일부 열성적인 생활체육 동호인들의 꾸준한 활동으로 게이트볼은 다시 관심과 각광을 받게 되었다. 그러다가 오늘날 많은 동호인수가 늘어난 일은 불과 20년 전부터의 일이다.

한편, 우리나라에 들어 온지는 다소의 차이는 있지만, 1980년경부터 노인회 모임 등에서 소개되어 즐기고 있었던 것으로 전해지고 있다.

1982년 후반기에는 대구에서 노인회를 중심으로 「5구 협회」가 설립되었고 1983년 봄에는 부산 해운대구 반송노인학교에서 한·일 친선 경기 등의 움직임이 차츰 표면화되기 시작하였고, 우리나라에서는 1983년 처음부터 「한국게이트볼협회」가 재일교포 「송부영」씨에 의해 설립되어 전국적인 조직을 목표로 활동하기 시작하였다. 이듬해 5월에는 당시 체육부의 허가 제1호로 「사단법인 한국게이트볼협회」가 발족하여 생활체육중 가장 인기있는 종목으로 발전하고 있다.

2 게이트볼이란

게이트볼은 한 팀이 5명씩으로 2팀이 교대로 공을 스틱으로 쳐서 출발점에서 순서대로 세 개의 게이트 즉, 제1게이트, 제2게이트, 제3게이트를 정해진 순서대로 통과하게 해서 골폴을 맞추므로써 경기시간 30분 내에 종료하는 경기이다.

스포츠 형태는 골프나 크로켓과 같은 형태이지만, 자기가 살고 있는 주변 광장이나 공원 등 별로 넓지 않은 장소에서도 게임을 할 수 있어, 고정된 설비가 없어도 가능하다.

규칙에는 자기편 공의 진행이나 게이트의 통과를 돕기도 하고 상대방 볼의 진행을 방해하는 방법으로 변화 있는 게임의 전개를 즐길 수 있는 것이 매력이다. 게임은 라인이나 로프 등으로 장방형인 사각의 코트 안에서 행한다.

코트의 다른 쪽에 볼을 보내면 「아웃」이 되고, 다음 타순이 오면 코트 내에 쳐 넣는 것으로 인하여 재차 게임에 복귀할 수 있다고 하는 규칙도 있어, 참가자 전원이 최후까지 흥미를 가진 게임을 할 수 있는 스포츠로 팀 스포츠이다. 그러나 기본이 되는 것은 각자의 경기이기 때문에 개인의 기능이 함께 중요하다.

기술면에서는 타순에 의해서 게이트를 번호순으로 통과하고 골폴에 명중시키면 경기는 종료된다.

게이트볼은 지면에 정지한 볼을 타격하는 간단한 스포츠이며, 볼을 스틱으로 바로 칠 수 있으면 누구나 곧 경기에 참가할 수 있지만, 차차 고도의 기술, 기능을 몸에 익혀가는 즐거움도 있으며 숙련하면 할수록 기능이 진보한다.

또 게임으로는 자기편과 상대편의 10개의 볼 위치나 양 팀의 타순을 항상 생각해야 되지만, 자신의 경기방법을 결정하지 않으면 안 되는 등 변화 있는 게임 전개로 확실한 판단과 재빠르게 대응할 수 있는 지적인 스포츠이다.

장기나 바둑에서 한 수가 시합의 국면을 바꾸어 놓는 것과 같이 게이트볼도 일타의 타격이 게임전개를 크게 전환시키는 경우가 있어서 항상 스릴과 변화가 있는 진행을 할 수 있다는 점이 게이트볼의 깊은 맛이다. 운동 면에서 보면, 그다지 격한 움직임이나 큰 힘을 필요로 하지 않아 신체의 큰 부담을 주는 움직임도 없고, 걷는 것을 중심으로 된 가벼운 전신운동이라고 말할 수 있다.

타순에 따라서 한사람씩 번갈아 쳐서, 경기를 하므로 운동 사이에 적당한 휴식을 할 수 있고 남녀노소는 물론 3세대가 함께 즐길 수 있는 경기다.

게이트볼에서는 힘 있는 젊은이라고 꼭 고령자에게 이길 수 있다고는 결코 말할 수 없으며 그 점이 게이트볼의 매력이다.

따라서 초등학생 정도의 어린이, 60~70세 정도의 사람들도 연령, 체력에 관계없이 경기할 수 있다. 쉽게 말하면 걸을 수 있는 사람이면 누구나 할 수 있는 스포츠이다. 또 근래에는 신체장애자도 휠체어를 사용하여 게임을 즐기는 방법이 고안되어 더욱 폭이 넓게 여러 사람들에게 사랑을 받을 수 있는 팀 스포츠이다.

이와 같이 많은 특징을 가진 게이트볼은 일본에서 창안 개발된 스포츠이다. 그렇지만 힌트는 유럽이나 미국에서 이전부터 행해져 오던 크로켓으로 지금은 우리나라의 사회체육의 하나로서 국민들의 사랑을 받는 스포츠로 정착되어 가고 있다.

3 게이트볼의 즐거움

게이트볼이나 어떠한 다른 스포츠도 즐거운 마음으로 하고 싶은 것이다. 따라서 스포츠 중에서 남녀노소 모두가 자신도 즐겁고, 상대방도 즐겁게 하는 게이트볼을 사랑하게 되었다.

누구에게나 즐거움을 주는 게이트볼의 즐거움은 다음과 같다.

① 신체를 움직이게 하는 즐거움

본래 인간은 가만히 있는 것 보다는 신체를 움직이는 것을 즐거워하며 좋아한다. 몇 시간만 가만히 있으면 몹시 고통스러워하며, 어린 시절부터 신체를 움직여 운동을 하기를 좋아했다. 그러나 현대사회는 일상생활 속에서도 신체를 움직이는 기회가 줄어들고 있는 것이 사실이므로 평소 일상생활의 행동만으로는 운동이 부족하도고 할 수 있다.

신체를 움직이는 것은 영양이나 휴양과 함께 건강한 체력 증진을 위해서 중요하며, 「마음껏 움직이고 싶다」라고 생각하는 것은 모든 사람들의 자연적인 욕구이다.

② 누구나 즐길 수 있다.

게이트볼은 남녀노소에 구애받지 않고 힘들지 않고 쉽게 배워 즐길 수 있다. 다만, 운동량에 있어서는 고령자나 부녀자들에게도 적합한 스포츠라 할 수 있다. 그러나 젊은 층에게는 작전의 묘미가 있고 신체장애자도 휠체어를 타고 충분히 즐길 수 있다.

③ 장소에 구애받지 않는다.

골프장의 그린 필드에서 경기를 하면 공의 회전, 커브 등의 변화가 있어 재미가 다양하고 이상적이겠으나 일반적인 공터 즉, 운동장에서도 어느 정도 면이 고르면 충분히 즐길 수 있다. 약간 울퉁불퉁해도 그런대로 게임전개에 의외성이 있어 재미가 있다. 또한, 코트의 넓이나 모양도 적당히 변형시켜 즐길 수 있고, 코트의 설치나 철수가 용이하여 고정시설물이 필요 없다.

④ 기술추구에 깊이가 있다

게임이란 너무 간단해도 혹은 너무 어려워도 곧 싫증을 느낀다. 그러나 게이트볼은 골프와 달라서 크기 때문에 떡메 같은 모양의 스틱으로 공을 치기 때문에 매우 쉽다. 그리고 공을 치는 요령, 게이트 통과와 자기 팀 및 상대팀 공에 맞힐 때는 약간의 기술과 판단이 필요하다. 게이트볼은 당구와 골프를 많이 닮았다고 하며 공을 치는 방향과 터치기법 등 섬세한 기술과 작전, 판단력 그리고 침착성을 필요로 한다. 게이트볼은 자기 공을 쳐서 타인 공을 맞히면 「스파크 타격」이란 과정이 있는데, 이 플레이가 기술추구를 보다 깊게 하고 한층 게임을 재미있게 하는 요소가 된다. 이 스파크 타격으로 자기편 팀 볼은 유리한 곳으로 상대편 공은 불리한 곳으로 쳐 보내는 기분 좋은 과정이 있다.

⑤ 건강 유지와 증진에 도움이 된다.

운동의 강도나 시간 양에서 볼 때 게이트볼은 강한 체력단련으로 인한 부담감을 줄일 수 있고 정신적 효과는 매우 크다. 집단에서만 보내던 생활에서 바깥으로 나와서 몸을 움직이게 되면 기분전환, 스트레스 해소에도 도움이 되고 생활에 충만감이 넘치게 되어 생의 보람을 갖게 한다. 또한 건강의 유지와 증진을 위해서는 손과 발, 그리고 머리를 포함한 5감각 전체에 항상 어떠한 자극을 계속 줄 필요가 있는 것이다.

게이트볼 게임을 통해 자기도 모르게 위의 운동효과를 갖게 되는 것이다.

⑥ 교제의 즐거움

게이트볼을 하려면 그룹을 만들거나 그룹에 들어가든지 해야 한다. 그룹의 동료와 함께 연습이나 게임에 힘쓰는 이유는 연습이나 게임 중에 동료끼리 주고받는 대화중에 서로 친숙해 진다.

게이트볼에 의해 모두와 교제하는 것이 큰 즐거움의 하나이다. 연습을 하면서의 대화는 아무것도 게이트볼과 관계가 없지만 일상생활의 것이나 레저 활동 등, 여러 가지 정보나 의견을 교환할 수 있다. 또한, 수다를 떨며 즐기는 것은, 인간관계를 발달시키는데 중요한 행동이다. 거기에서 인간끼리의 교제가 넓어진다. 노인들과 함께 스포츠를 즐기는 광경은 우리나라에서는 일찍이 별로 보이지 않던 광경이었지만 현대에 들어와서는 자연스러운 현상의 하나로 보여 지고 있다.

제 2 장

게이트볼 경기장 및 용구

1 경기장 및 용구

제 1 조 경기장

제 1 항 코트

1. 코트는 아웃사이드라인으로 구획한 장애물이 없는 평면으로 한다.
2. 인사이드라인은 세로 15m이상 20m이하, 가로 20m이상 25m이하로 한다.
3. 아웃사이드라인은 인사이드라인의 바깥쪽 1m에 설치한다(그림-2 참조).

> **해설**
> - 코트의 크기 등은 경기의 합의사항으로 정한다.
> - 라인에 테이프 등의 폭이 있는 경우에는 그 바깥쪽 가장자리를 말한다.
> - 라인은 실선으로 하고, 코트 면과 비교하여 보기 쉬운 색으로 한다.

4. 인사이드라인의 각 구석을 제1코너, 제2코너, 제3코너 및 제4코너라 한다. (그림-2 참조)
5. 인사이드라인의 각 코너의 사이를 제1라인, 제2라인, 제3라인 및 제4라인이라 한다.(그림-2 참조)
6. 스타트 에어리어는 인사이드라인위의 제1코너에서 제4코너로 향하여 1m와 3m 와의 지점 및 그 양 지점에서 바깥쪽에 수직선을 그어서 아웃사이드라인과 교차되는 지점의 4지점을 맺은 직선으로 구획선 에어리어를 말한다.(그림-2 참조)

제2항 게이트

1. 게이트는 제1게이트, 제2게이트, 제3게이트의 3개로 하여, 각기 지표에서 20cm 높이의 수직으로 세운다.
2. 게이트는 ㄷ자형으로 직경 1cm(허용범위 ±1mm)의 둥근 봉을 사용하며, 안폭 22cm, 다리길이는 20cm이상으로 한다.(그림-1 참조)
3. 게이트는 게이트 번호를 표시하고 착색한다. 표시는 세로, 가로 10cm이내의 범위로 게이트위에 고정하며, 착색은 코트 면과 비교하여 보기 쉬운 색으로 한다.

〈게이트〉

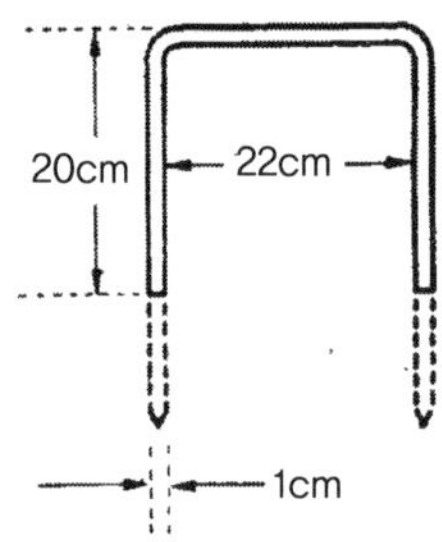

〈골 폴〉

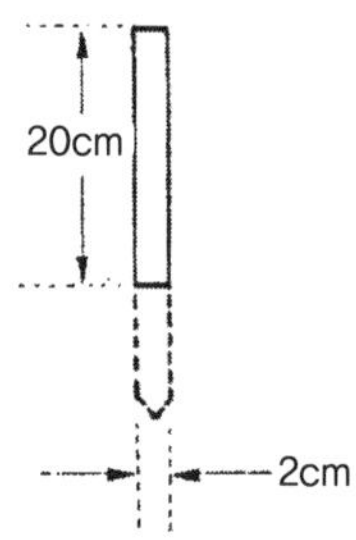

그림-1

> **해설**
> - 게이트의 번호표시와 착색은 경기의 합의사항으로 정한다.
> - 게이트의 번호표시와 착색은 상황에 따라서 어느 한쪽을 선택해도 좋다.

4. 각 게이트는 인사이드라인의 안쪽 2m의 거리로, 다음 5부터, 7까지에 정하는 지점을 게이트선(그림-6참조)의 중심으로 하여, 각각 제1라인, 제2라인, 또는 제4라인과 직각이 되도록 설치한다.

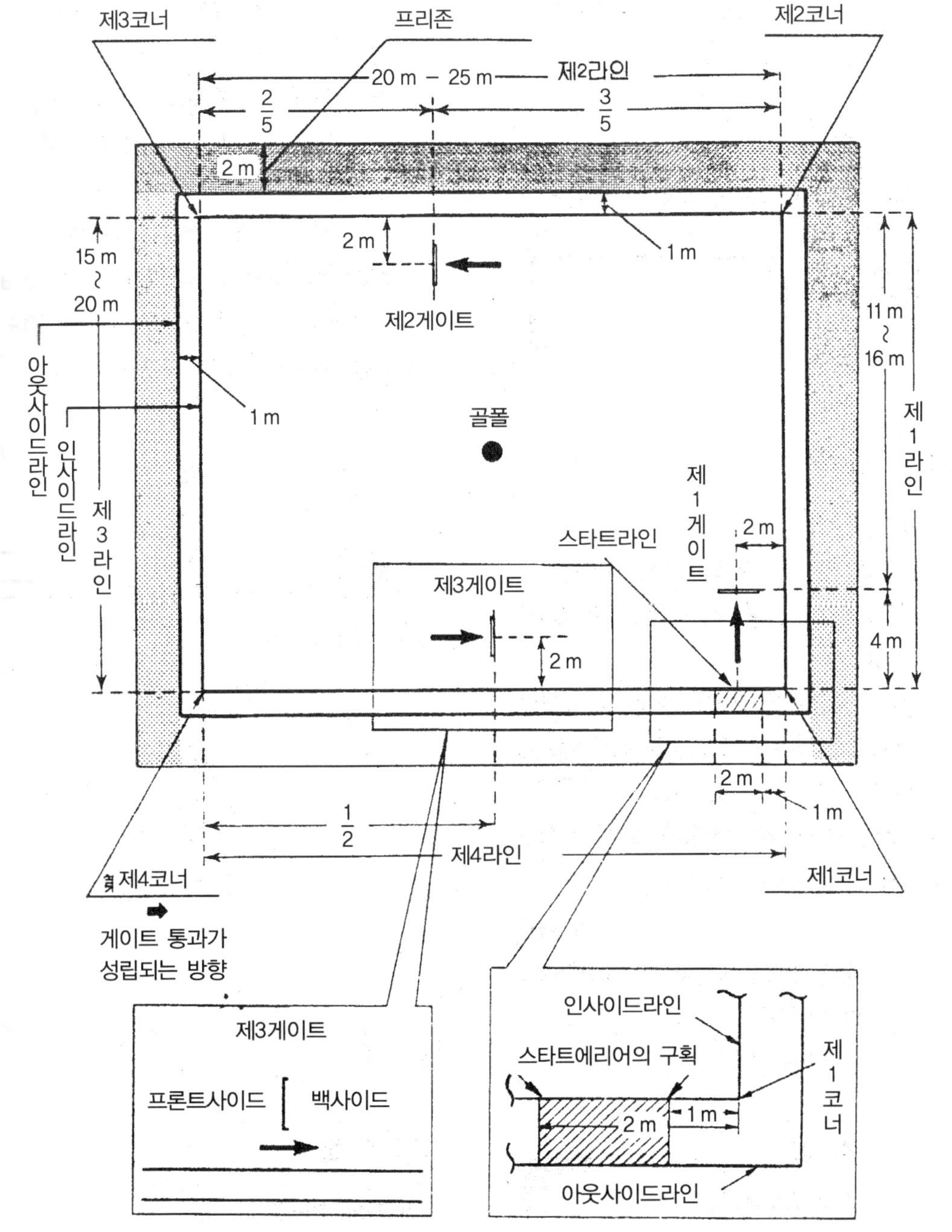

제3코너
프리존
제2코너
20 m – 25 m 제2라인
2/5
3/5
2 m
1 m
2 m
제2게이트
15 m ~ 20 m
아웃사이드라인
인사이드라인
제3라인
1 m
골폴
11 m ~ 16 m
제1라인
제1게이트
2 m
스타트라인
제3게이트
2 m
4 m
2 m
1 m
1/2
제4라인
제4코너
제1코너
게이트 통과가 성립되는 방향
제3게이트
프론트사이드
백사이드
인사이드라인
스타트에리어의 구획
제1코너
1 m
2 m
아웃사이드라인

그림-2 경기장

5. 제1게이트는 제1코너에서 제2코너로 향한 4m지점으로 한다.

> **해설**
> • 제1게이트의 설치위치는 상황에 따라 경기의 합의사항으로 정하며, 4m미만으로 해도 좋다.

6. 제2게이트는 제2코너에서 제3코너로 향한 제2라인의 길이의 3/5지점으로 한다.
7. 제3게이트는 제4라인의 길이의 1/2의 지점으로 한다.

제3항 골폴

1. 골폴은 코트의 중심의 지표에서 20cm의 높이로 수직으로 세운다.
2. 골폴은 직경 2cm(허용범위 ±1mm)의 둥근 봉을 사용하며, 길이는 20cm이상으로 한다.(그림-1 참조)
3. 골폴에는 부속물을 붙이거나 착색을 한다. 착색은 코트면 과 비교하여 보기 쉬운 색으로 한다.

> **해설**
> • 코트번호 등의 부속물을 골폴 위에 고정한다.

제4항 프리존

1. 프리 존은 아웃사이드라인의 바깥쪽에 설치한다.

제5항 대기 에어리어

1. 대기 에어리어는 프리존안에 설치한다.

> **해설**
> • 프리존의 범위, 대기 에어리어의 설치에 대해서는 경기의 합의 사항으로 정한다.

제2조 용구

제1항 스틱

1. 스틱은 헤드 및 샤프트로 된 T자형의 것으로 중량 및 재질의 제한은 없다. (그림-3 참조)
2. 헤드는 길이 18cm이상 24cm이하의 단일 형으로, 모양은 둥근 기둥을 원칙으로 한다.
3. 페이스의 지름은 단경 3.5cm이상 장경 5cm이하로 한다.
4. 샤프트는 길이 50cm이상으로 하며 헤드의 중심에 접속한다. 또 샤프트의 각도를 줄일 수 있다.
5. 스틱은 인정된 것을 사용해야만 한다.

제2항 공

1. 공은 직경 7.5cm(허용범위 ±0.7mm), 중량 230g(허용범위 ±10g)의 합성수지제품의 둥글며 균일한 것으로 한다.(그림-3 참조)
2. 공은 적색 5개, 백색 5개 합계 10개로 한다.
   적색 공에는 백색으로 「1」,「3」,「5」,「7」,「9」의 홀수번호를 백색 번호를 표시한다. 「2」,「4」,「6」,「8」,「10」의 짝수 번호를 표시한다. 숫자는 공의 외면 높이 5cm의 크기를 표준으로 하여, 중앙 위치 2곳에 표시한다.
3. 공은 공인 받은 것을 사용해야만 한다.

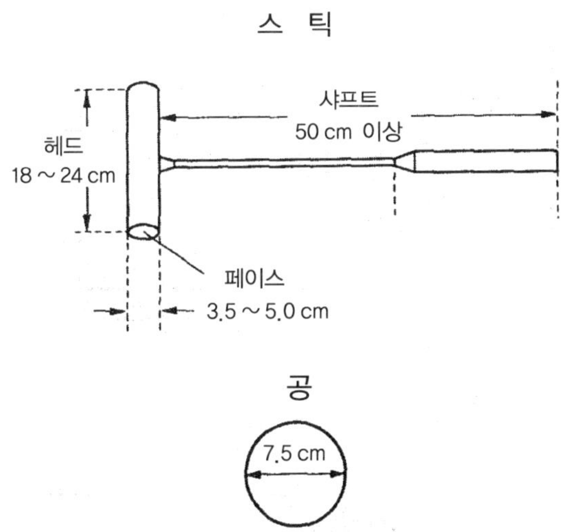

그림-3 용구

2 팀

제3조 팀

제1항 팀 구성

1. 팀 5명의 경기자 및 3명 이내의 교체 경기자로 구성하며, 그중 1명을 주장으로 한다.
2. 팀에는 전임감독 1명을 둘 수 있다.

제4조 경기자 및 감독의 권리와 의무

제1항 기본적인 의무

1. 경기자 및 감독은 이 공식 게이트볼 경기규칙(아하 「경기규칙」이라 한다)을 이해하고 이것을 지켜야만 한다.
2. 경기자 및 감독은 심판원의 판정을 스포츠맨의 태도로 받아들여야만 한다.
3. 경기자 및 감독은 심판원에 대해서뿐만 아니라 상대팀, 팀 동료 및 관객에 대해서도 페어플레이의 정신으로 예의 바르게 처신해야 한다.
4. 경기자 및 감독은 심판원의 판정에 영향을 미치게 하거나 자기 팀의 반칙을 숨길 목적으로 한행동이나 태도를 취해서는 안 된다.
5. 경기자 및 감독은 시합을 지연시킬 목적으로 한 행동을 취해서는 안 된다.
6. 주장 및 감독은 팀 전원의 행위나 언동에 대해서 책임을 져야만 한다.

제2항 경기의 방해

1. 경기자 및 감독이 경기를 방해했다고 심판원이 판정했을 경우에는 방해한 자가 소속한 팀이 유리하게 되는 것을 방지하기 위하여, 심판원은 다음과 같이 조치할 수 있다.
   (1) 타자의 권리몰수
   (2) 직근밖(제12조 제4항 3 참조)의 조치
   (3) 게이트 통과, 완료의 취소
   (4) 경기자의 퇴장
   (5) 경기의 몰수

> **해설**
> • 퇴장이 된 경기자의 타순은 결번이 되며, 그 공은 그대로 둔다.

제3항 주장의 권리와 의무

1. 주장은 다음의 일을 한다.
   (1) 오더표의 제출
   (2) 선공·후공의 선택
   (3) 대기 에어리어의 선택
   (4) 경기자의 교체
   (5) 결원의 선고
   (6) 경기 종료 후 기록표의 사인
   (7) 심판원의 판정에 대한 질문

> **해설**
> • 질문은 질문사항의 발생시점에 한한다. 또 심판원의 응답으로 종료되며, 재사 따져 질문하지 못한다.

2. 주장은 주장의 권리와 의무를 실행할 수 없게 된 경우에는 다른 경기자의 주장대행으로 지명하여 심판원에 신고한다. 주장이 지명할 수 없을 때는 경기자 중에서 신고한다.

> **해설**
> • 주장 대행은 신고한 당해 경기에 한해서 유효로 한다.

제4항 경기자의 대기위치

1. 교체 경기자 및 완료가 된 경기자는 대기 에어리어 안에 위치한다.
2. 대기 에어리어에는 경기자 및 감독에 한하여 들어갈 수 있다.

제5항 복장

1. 스타팅멤버(선발 경기자) 및 이와 교체하여 경기할 경기자, 타격순번(이하 「타순」이라 한다)의 번호를 가슴과 등 또는 가슴에 부쳐야 한다. 번호의 높

이는 10cm이상으로 하고, 번호의 모양은 제한하지 않는다.

2. 주장은 왼쪽 팔뚝에 주장의 표시마크를 부쳐야 한다.
3. 감독은 팔뚝 또는 가슴에 감독의 표시 마크를 부쳐야 한다.
4. 경기자는 팀으로서 통일된 유니폼을 착용한다.
5. 경기자 및 감독은 운동화를 신는다.

> **해설**
> - 해설은 발뒤꿈치에 높고 낮음이 없으며 경기장을 손상시키지 않는 것으로 한다.

6. 경기자는 경기에 지장을 주는 물건 등을 몸에 지녀서는 안 된다.

> **해설**
> - 몸에서 떨어지기 쉬운 물건 및 경기와 직접 관련 없는 물건은 휴대하지 않는다.

제 3 장

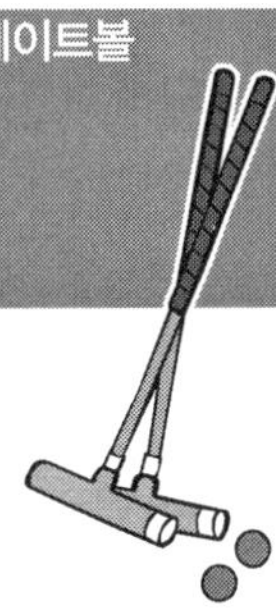

경기 준비 단계

1 승패

제5조 승패의 결정

제1항 득점과 승패

1. 득점은 공이 제1게이트, 제2게이트, 제3게이트를 순차적으로 통과할 때마다 1점으로 하고, 완료는 2점으로 한다. 완료된 경기자의 득점은 5점, 팀의 최고 총득점은 25점으로 한다.
2. 승패는 경기 종료 시의 총득점이 많은 팀을 이긴 것으로 한다.

제2항 동점의 승패

1. 양 팀이 동점일 때는 다음 순서에 따라서 승패를 결정한다.
   (1) 완료된 공이 많은 팀을 이긴 것으로 한다.
   (2) 제3게이트를 통과한 공이 많은 팀을 이긴 것으로 한다.
   (3) 제2게이트를 통과한 공이 많은 팀을 이긴 것으로 한다.
2. 이하의 1.에 따라 승패가 결정되지 않을 때는, 다음 순서에 따라서 승패를 결정할 수 있다.
   (1) 경기 종료 시에 출장하였던 경기자에 의하여, 1번부터 10번까지 순서대로 제1게이트의 통과 성립을 겨루어, 통과된 공이 많은 팀을 이긴 것으로 한다. 단, 도중에 승패가 결정되었을 경우에는 그 시점에서 종료한다.

> **해설**
> - 경기 종료 시에 결원이 있을 경우에는 보충할 수 없다.

(2) 이항의 2. (1)에 의거 승패가 결정되지 않을 때는 1번과 2번의 경기자에 의한 제1게이트 통과 성립을 겨루고, 그래도 결정되지 않을 경우에는, 순차적으로 2명의 경기자에 의한 제1게이트 통과 성립을 겨루어 나가도록 한다. 이때, 경기자에 결원이 있을 경우에는 상대팀 경기자의 게이트 통과 성립의 결과에 따라 승패가 결정된다.

(3) 이항의 1.에 의하여 승패가 결정되지 않을 때는, 이항의 2. 방법으로 승패를 결정하지 않고, 무승부로 할 수 있다.

제3항 퍼펙트게임

1. 경기 중 어느 한쪽의 팀이 25점을 선취하였을 때는, 그 팀이 이긴 것이 되며 퍼펙트게임으로 한다.

제4항 콜드게임

1. 경기 개시 20분경과 후 경기가 중지되었을 때는 득점이 많은 팀이 이긴 것이 되며 콜드게임이 된다.

제6조 선공·후공의 결정

제1항 기권

1. 다음의 경우에는 기권으로 하며 그 경기는 몰수가 되고 상대팀이 이긴 것으로 한다.
   (1) 팀이 기권을 신고한 경우
   (2) 경기 개시 때 경기자가 5명이 되지 못한 경우
   (3) 심판원이 경기를 하도록 명령을 하였음에도 불구하고 거부한 경우

제2항 부정출장

1. 팀이 출장자격이 없는 자를 출장시켰을 경우에는 부정출장으로 하여 그 경기는 몰수가 되며, 상대팀이 이긴 것으로 한다.

> **해설**
> • 출장자격이 있는 자란, 참가팀에 등록을 한 자로서 참가자격에 적합하고, 또한 경기 개시 전에 확인을 받은 자로 한다.

2 경기의 준비

제7조 경기의 준비

제1항 오더표의 제출

1. 경기 개시에 앞서, 양 팀의 주장은 심판원에 오더 표를 제출한다.(부록 참조)

제2항 선공·후 공의 결정

1. 오더표의 제출 후, 심판원은 토스를 하여, 토스에 이긴 팀의 주장은 선공 또는 후 공 여부를 선택한다.

제3항 경기개시전의 확인

1. 경기자는 경기 개시 전에, 심판원으로부터 오더, 용구 및 복장의 확인을 받는다.

3 경기

제8조 경기의 방법

제1항 경기의 형식

1. 경기는 팀 대항 형식으로 1팀 5명씩의 경기자에 의해 거행한다.
2. 경기는 경기개시 후 선공, 후 공 팀의 경기자의 타순에 따라 상호 번갈아 경기종료 때까지 진행한다.
3. 경기 중 팀에 결원이 생겼을 경우에는 주장이 심판원에게 신고하지 않으면 안 되며, 결원이 된 그대로 경기를 속행할 수 있다.

> **해설**
> - 결원이 된 경기자의 공은 그대로 두고, 그 후의 다른 경기자의 플레이에 의한 득점도 유효로 한다.

제2항 경기의 타순과 공

1. 경기의 타순은 1번부터 10번까지로 한다.
2. 경기자는 타순번호와 동일번호의 공을 자기의 공(이하 「자구」라 한다)이라 한다.
3. 선공 팀은 적색 공을 자기 팀의 공으로 하고, 후 공 팀은 백색 공을 자기 팀의 공으로 한다.

> **해설**
>
> • 자구에 대하여 자구 이외의 9개의 공을 타구라 한다. 예를 들면, 1번이 타순 경기자라면 1번 공이 자구이고, 그 이외의 공은 타구인 것이다.

제3항 경기시간

1. 경기시간은 30분간으로 한다.

제4항 경기개시

1. 경기는 주심의 플레이볼 선고에 따라 개시한다.
2. 스타팅멤버는 경기개시 때에는 스타트 에어리어 후방의 프리 존에 1번부터 10번까지 순서대로 정렬한다(그림-4 참조).

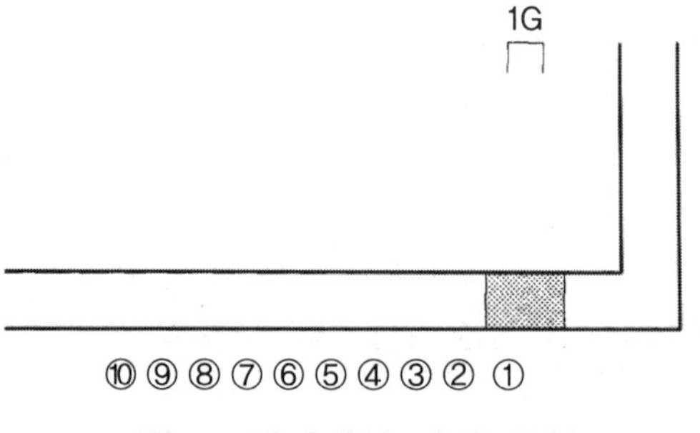

그림-4 경기개시 때의 위치

제5항 경기종료

1. 경기는 주심의 게임세트 선고에 따라서 종료한다.
2. 경기시간 30분을 경과하여 플레이 중일 때는 다음과 같이 종료한다.
   (1) 선공 팀의 타자가 플레이 중일 때는 다음 후공 팀 경기자의 플레이로서 종료한다.
   (2) 후공 팀의 타자가 플레이 중일 때는 그 경기자의 플레이로서 종료한다.

제9조 경기자 교체

제1항 경기자의 교체

1. 경기자의 교체란, 경기에 출장하고 있는 경기자와 교체 경기자가 바뀌는 것을 말한다.

> **해설**
> - 오더 표에 기재된 교체 경기자는 오더표 제출 후 각 1회에 한하여 교체할 수 있다.

2. 교체하여 물러난 경기자는 그 경기에 재차 출장할 수 없다.
3. 교체하여 출장하는 경기자는 당해 타순의 통고를 받았을 때는 심판원에게 신고한다. 단, 타자의 플레이 중의 교체는 안 된다.
4. 경기개시 전까지 또는 경기 중 타순의 통고를 받기 전까지의 교체는 주장이 심판원에게 신고한다.

> **해실**
> - 교체하여 출장하는 경기자는 교체하여 물러난 경기자의 타순으로 하며, 타순번호를 부착하지 않으면 안 된다.
> - 교체하여 물러난 경기자가 그 경기에 재차 플레이를 한 경우와 심판원에게 교체를 신고하지 않고 플레이를 한 경우에는 무효 플레이(제11조 제2항 참조)로 한다.

제10조 타자의 플레이와 권리

제1항 타자의 입장과 퇴출

1. 타자란 타격의 통고를 받은 경기자로서 코트에 입장하여 플레이하는 자를 말한다.
2. 타자의 권리는 타격 종료 후 자구가 인사이드라인 안에 정지한 때, 또는 아웃 볼, 완료가 된 때, 혹은 타자가 반칙을 했을 때에 종료한다.
3. 타자의 권리가 종료된 경기자는 재빨리 코트에서 퇴출한다.

제2항 타임오버

1. 타자는 10초 이내에, 타격(제12조 1항 참조) 또는 스파크 타격(제15조 제1

항 1참조)을 하지 않으면 안 된다.

2. 10초 계측의 기점은 다음과 같다.
   (1) 타격의 통고를 받은 때
   (2) 계속 플레이(제12조 제3항 참조)의 권리가 발생한 때
3. 10초 이내에 타격 또는 스파크 타격을 안 한 경우에는 반칙이 되며, 타임오버로 한다.
4. 타임오버가 된 경우에는 다음과 같이 조치한다.
   (1) 반칙선고 이후에 이동한 모든 공은 이동전 위치로 되돌린다.
   (2) 타자의 권리는 상실한다.
   (3) 스파크 타격에 관련되는 행위 중에 타임오버가 되었을 경우에는 그 상황에 따라 제15조 스파크 타격위반 2, 및 3, 의 조치를 적용한다.

제3항 타자의 확인

1. 타자는 다음 사항에 관하여 확인할 수 있다. 또 확인에 소요되는 시간은 레프리타임(제20조 제1항 참조)이 되지 않는다.
   (1) 터치에 관련되는 것
   (2) 게이트 선에 관련되는 것

> **해설**
> • 확인되는 사항은 다음 세 가지로 한다.
> ① 자구와 타구가 접촉상태에 있는지의 여부
> ② 스파크 타격에서 세트한 타구가 게이트 선에 걸려있는 지 아닌지의 여부
> ③ 게이트 선에 걸려있는 공이 정 방향 및 역방향중 어느 방향에서 온 것인지의 여부

제11조 공의 이동

제1항 유효 플레이

1. 정당 플레이
   (1) 정당 플레이란 정당한 타격 및 정당한 스파크 타격 또는 그것을 하기 위한 행위를 말한다.
   (2) 타자는 정당 플레이로 공을 이동시킬 수 있다.
2. 반칙 플레이

(1) 타자의 유효 플레이 중에서 반칙에 따른 플레이(이하 「반칙 플레이」라 한다)로 이동한 공은 반칙의 종류에 따라 경기 규칙에 정해진 조치를 한다. 더욱 반칙 플레이로 이동한 공이 있으면 모두 이동전 위치로 되돌린다.

제2항 무효 플레이

1. 무효 플레이란 레퍼리 타임중의 타자의 플레이 및 타자 이외의 경기자의 행위를 말한다.
2. 무효 플레이로 이동한 공은 이동전 위치로 되돌린다.

제12조 타격

제1항 타격

1. 타격이란 타자가 정지하고 있는 자구를 스틱의 페이스로 치는 것을 말한다. 단, 헛스윙은 타격한 것으로 간주된다.

> **해설**
> - 타자는 타격을 포기할 수가 없다.
> - 흙, 잔디 등과 함께 쳤을 때는 정당 플레이로 한다.
> - 타격전의 예비스윙은 타격으로 하지 않는다.
> - 예비스윙이란 스윙 중에서도 어드레스(타격자세)에 들어가기 전을 말한다. 단, 어드레스 후는 공의 바깥 둘레에서 타격방향으로 스틱의 페이스가 나가지 않은 것도 예비스윙으로 한다.

제2항 스타트 타격

1. 스타트 타격은 자구를 스타트 에어리어에 놓고 타격 해야만 한다.(그림-5 참조)

> **해설**
> - 자구의 위치를 고쳐 놓을 수 있다.

2. 타자는 제1게이트 통과에 지장을 준다고 판단한 공을 심판원에 신고하여 일시 이동시켜 주도록 할 수 있다.(부록 참조)

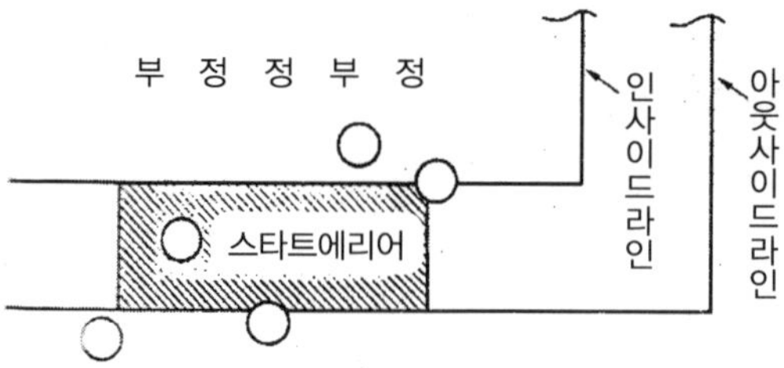

그림-5 스타트타격시의 공의 정·부위치

제3항 계속 플레이의 권리의 발생

1. 계속 플레이의 권리의 발생이란 다음의 경우이며 인사이드 라인 안에 모든 공이 정지했을 때를 말한다.
   (1) 자구가 게이트 통과가 성립하고 자구가 인사이드 라인 안에 정지했을 때
   (2) 스파크 타격의 권리가 발생했을 때
   (3) 스파크 타격이 성립 되었을 때
2. 자구를 타격하여 게이트를 통과한 후 자구가 인사이드 라인 안에 정지했을 때는 타자는 다시 1회 타격을 할 수 있다.
3. 자구를 타격하여 터치가 성립된 후 자구와 터치한 타구가 인사이드라인 안에 정지했을 때는 타자는 스파크 타격을 해야만 한다.
4. 스파크 타격을 성립시켰을 때는 타자는 다시 성립시킨 수만큼 타격할 수 있다.

> **해설**
> - 스파크 타격 후 인사이드라인 안의 타구가 정지하기 전이라도 심판원이 계속 플레이를 지시한 때는 계속 플레이의 권리가 발생한 것으로 한다.

제4항 타격위반

1. 타자가 다음과 같이 타격을 한 경우에는 반칙이 되며 타격 위반으로 한다.
   (1) 밀어치기, 두 번 치기, 또는 스틱의 페이스 이외로 쳤을 경우

> **해설**
> - 밀어치기란 자구에 페이스가 닿은 그대로 밀어내는 것을 말한다.
> - 두 번 치기란 동일 스윙 중에 페이스가 자구에 두 번 닿은 것으로서 공, 게이트 다리 등에 자구가 부딪쳐서 튕겨 나오면서 페이스에 닿은 경우를 말한다.

(2) 간접적으로 공을 이동시켰을 경우

> **해설**
> - 게이트, 골폴, 흙, 잔디 등을 페이스로 쳐서 공을 이동시켰을 경우를 말한다.
> - 공이 게이트, 골폴에 접촉되어 있을 때는 페이스가 게이트, 골폴에 닿으면 반칙이 된다.

(3) 스파크 타격이 성립하고 계속 플레이의 권리가 발생되기 전에 타격한 경우

(4) 스타트 타격 때, 자구를 스타트 에어리어에 놓지 않고 타격한 경우

(5) 타구를 쳤을 경우

(6) 이동 중인 자구를 쳤을 경우

2. 타격 위반을 했을 경우에는 다음과 같이 조치한다.

(1) 이항의 1. (1)(2)(3)의 경우

① 타격 위반한 공은 타격 시의 위치로 되돌린다.

② 타자의 권리는 상실한다.

(2) 이항의 1. (4)의 경우

① 타자의 권리는 상실한다.

(3) 이항의 1. (5)의 경우

① 타격위반에 의하여 이동한 타구는 타격 시의 위치로 되돌린다.

② 타자의 권리는 상실한다.

(4) 이항의 1. (6)의 경우

① 자구는 타격 시의 직근밖으로 한다.

② 타자의 권리는 상실한다.

(5) 스파크 타격에 관련되는 행위 중에 타격위반이 되었을 경우에는 그 상황에 따라 제15조 제4항 스파크 타격위반 2 및 3의 조치를 적용한다.

3. 이항의 2. (4) ①의 「직근밖」이란 반칙 플레이가 발생한 지점에서 가장 가까운 인사이드라인에 대한 연장선상에서 인사이드라인의 바깥쪽 10cm의 지점을 말한다.

제13조 게이트 통과

제1항 게이트 통과의 성립과 권리

1. 게이트 통과는 인사이드라인 안의 공이 규정된 프론트 사이드(그림-6 참조)에서 정 방향으로 이동하여 게이트 선을 완전히 통과했을 대에 성립된다.
2. 게이트 통과의 성립이란 제1게이트, 제2게이트, 제3게이트의 순으로 통과한 최초의 1회째를 말한다. 또는 제1게이트 통과 성립에 대해서는 제13조 제2항의 규정에 적합하지 않으면 성립되지 않는다.
3. 백사이드(그림-6 참조)에서 역방향으로의 이동에 의해 게이트 선에 걸려 정지한 공은 다음 플레이로 정 방향으로 이동하여도 게이트 통과는 성립되지 않는다.

> **해설**
> - 공의 바깥둘레가 게이트 선에 걸리지 않도록 프론트 사이드로 되돌려 다음의 플레이로 정 방향으로 이동시켜 게이트를 빠져 나가면 통과가 된다.

4. 스파크 타격으로 타구를 게이트에 통과 시킬 때는 그 타구가 게이트 선에 걸리지 않도록 세트(제15조 제1항 2, 참조) 하면 게이트 통과는 성립된다.
5. 아웃 볼의 타격으로 게이트를 빠져나가도 통과는 성립되지 않는다.
6. 아웃 볼의 타격으로 프론트 사이드에서 정방향으로 이동하여 게이트 선에 걸려 정지했을 때는 다음의 플레이로 게이트 통과가 성립되지만 백사이드에서 역방향으로 이동하여 게이트 선에 걸려 정지했을 때는 이항의3.을 적용한다.

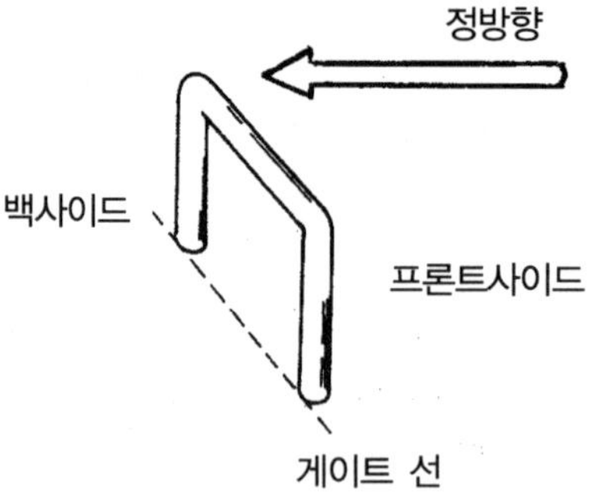

그림-6 게이트선

제2항 제1게이트 통과 성립의 조건

1. 1타로 게이트를 통과하여 자구가 인사이드라인 안에 정지 했을 때는 게이트 통과는 성립된다.

제14조 터치

제1항 터치의 성립

1. 터치란 타격으로 이동한 자구가 타구에 맞는 것을 말한다. 자구와 타구가 접촉돼 있을 때는 타격하면 터치가 된다.
2. 제1게이트 통과가 성립되지 않는 자구가 타구에 맞더라도 터치가 되지 않는다.
3. 제1게이트 통과가 성립되어 있지 않은 자구로 인하여 이동한 공은 모두 이동전의 위치로 되돌린다.

제2항 스파크 타격의 권리의 발생

1. 터치가 성립되어 자구 및 터치한 타구가 인사이드라인 안에 정지했을 때는 타자는 스파크 타격을 해야만 한다.

> **해설**
> - 타자는 스파크 타격을 포기할 수 없다.
> - 터치 후 자구가 정지하기 전이라도 심판원이 플레이를 지시한 때는 플레이의권리가 발생한 것으로 한다.

2. 타자에게 복수의 스파크 타격의 권리가 발생했을 때는 터치된 순서에 관계없이 순차 터치된 타구를 스파크 타격을 해야 한다.

제3항 스파크 타격의 우선

1. 한 번의 타격으로 게이트 통과의 성립과 스파크 타격의 권리가 발생했을 때는 스파크 타격을 먼저 해야만 한다.
2. 타자에게 스파크 타격의 권리와 타격의 권리가 있을 때는 스파크 타격을 먼저 해야만 한다.

제4항 두 번 터치

1. 계속 플레이 중에 스파크 타격된 타구에 다시 타격하여 터치된 경우는 반칙

이 되며 두 번 터치로 한다.

2. 두 번 터치된 경우에는 다음과 같이 조치한다.
   ① 자구는 두 번 터치된 위치의 직근밖으로 한다.
   ② 두 번 터치된 타구는 터치된 위치로 되돌린다.
   ③ 타자의 권리는 상실한다.

제15조 스파크 타격

제1항 스파크 타격

1. 스파크 타격이란 세트 후 자구를 타격한 충격으로 타구를 이동시키는 것을 말한다.
2. 세트란 자구가 정지한 위치에서 자구를 밟고 터치한 타구를 자구에 접촉시키는 것을 말한다.

> **해설**
> • 세트는 터치한 타구를 주워서 한다.
> • 자구와 터치한 타구가 근접돼 있을 때는 자구를 밟고 나서 타구를 주울 수 있다.
> • 타구는 인사이드라인 안에서 세트를 한다.
> • 타구를 아웃 볼로 시키고자 할 때는 쳐내는 방향을 심판원에게 가리킨다.

3. 스파크 타격한 타구에 의해서 생기는 공의 이동은 유효로 한다.

제2항 스파크 타격에 관련되는 행위

1. 스파크 타격에 관련되는 행위란 터치 후 모든 공이 정지한 시점에서 스파크 타격 종료 후 자구로부터 발을 뗄 때까지의 행위를 말한다.
2. 스파크 타격에 관련되는 다음 행위는 정당한 행위가 된다.
   (1) 자구와 타구를 함께 밟을 것.

> **해설**
> • 함께 밟았을 때는 밟은 시점에서 세트가 된다.

   (2) 자구를 밟은 후에 고쳐 밟기, 밟아 비틀기
   (3) 세트할 때 손이 자구에 닿는 것.
   (4) 세트를 고쳐하기.

(5) 밟은 발과 자구를 동시에 치는 것.

(6) 자구가 발밑에서 이동하는 것.

> **해설**
> - 발밑에서 이동하였을 때 게이트 통과나 완료 터치의 플레이 등에 유리하게 된다고 심판원이 판정된 경우에는 심판원이 이동전 위치로 되돌린 후 타격을 해야 한다.

3. 복수의 타구에 터치 후, 자구가 터치된 복수의 타구와 접촉돼 있을 경우에는 2구째 이후에 스파크 타격하는 타구를 심판원에게 신고하여 일시 이동시켜 주도록 할 수 있다.
4. 터치된 타구가 다른 타구에 직접 또는 간접적으로 접촉하여 정지했을 때는 타자는 스파크 타격에 관련되는 행위에 지장을 주게 되는 그 타구를 심판원에게 일시 고정시켜 주도록 할 수 있다.

제3항 스파크 타격의 성립

1. 스파크 타격의 성립이란 다음 경우를 말한다.
   (1) 자구와 스파크 타격된 타구가 10cm이상 떨어졌을 때.
   (2) 스파크 타격된 타구가 완료(제17조 제1항)가 되었을 때.
   (3) 스파크 타격한 타구가 아웃 볼(제16조 제1항)이 되었을 때.

제4항 스파크 타격 위반

1. 스파크 타격에 관련되는 다음 행위는 반칙이 되며 스파크 타격위반으로 한다.
   (1) 스파크 타격의 권리가 발생한 후 스파크 타격 할 때까지에 접촉된 타구에 의해 직접 또는 간접적으로 공을 이동시켰을 경우.

> **해설**
> - 공이 게이트, 골폴에 접촉되어 있을 때 주워온 타구를 떨어뜨려 그 타구가 게이트, 골폴에 닿으면 간접적으로 공을 이동시킨 것으로 간주한다.
> - 자구와 터치된 타구가 접촉 되어 있을 때는 터치한 타구에 닿으면 간접적으로 자구가 이동한 것으로 간주한다.

   (2) 세트 전 자구를 밟을 때, 또는 고쳐 밟을 때에 자구가 발밑에서 벗어난 경우.

(3) 세트 후 자구를 고쳐 밟을 때에 자구가 발밑에서 벗어난 경우.

(4) 밟은 발만을 쳤을 경우.

(5) 스파크 타격을 하여 자구와 스파크 타격된 타구가 10cm이상 떨어지지 않은 경우.

> **해설**
> - 헛스윙으로 판정된 경우에는 스파크 타격위반(5)이 된다.
> - 10cm이상 떨어진 후 게이트 등에 맞아 10cm미만에 정지했을 때는 스파크 타격은 성립된다. 다시 자구와 접촉하여 정지했을 경우는 스파크 타격된 타구를 일시 이동시켜 주도록 할 수 있다.

(6) 스파크 타격한바 자구가 발밑에서 벗어난 경우.

(7) 스파크 타격에 관련되는 행위를 복수의 타구에 동시에 했을 경우.

> **해설**
> - 스파크 타격에 관련되는 행위를 복수의 타구에 동시에 했을 경우란 다음과 같은 경우를 말한다.

① 공 1개를 잡은 후에 스파크 타격의 순서를 변경한 경우

② 터치된 복수의 타구를 함께 잡은 경우

③ 자구와 터치된 타구가 접촉돼 있을 때 다른 터치된 타구에 닿았을 경우

(8) 터치된 타구를 인사이드라인 밖에 세트하여 스파크 타격한 경우.

2. 스파크 타격위반을 했을 경우에는 다음과 같이 조치한다.

(1) 인사이드라인 안의 모든 공이 정지한 후, 터치된 타구를 세트하기 전에 발생한 경우.

① 자구 및 터치된 타구는 터치 후 정지한 위치로 되돌린다.

② 타자의 권리는 상실한다.

(2) 세트 후 스파크 타격이 성립할 때까지 발생한 경우.

① 자구는 터치 후 정지한 위치로 되돌린다.

② 타구는 세트시 위치로 되돌린다.

③ 타자의 권리는 상실한다.

(3) 스파크 타격 종료 후 자구에서 발을 뗄 때까지 발생한 경우.

① 자구는 터치 후 정지한 위치로 되돌린다.

② 타자의 권리는 상실한다.

(4) 인사이드라인 밖에 세트하여 스파크 타격한 경우.

① 자구 및 스파크 타격된 타구는 터치 후 정지한 위치로 되돌린다.

② 타자의 권리는 상실한다.

3. 스파크 타격위반 조치 결과 자구와 터치된 타구와의 간격이 10cm미만이 되었을 경우에는 다음과 같이 조치한다.

① 자구는 조치된 위치의 직근밖으로 한다.

제16조 아웃 볼

제1항 아웃 볼

1. 아웃 볼이란 인사이드라인 밖으로 나간 공 및 반칙 플레이에 의해서 직근밖으로 조치된 공을 말한다.
2. 인사이드라인 밖으로 나간 아웃 볼은 인사이드라인을 통과한 지점에서 직각으로 바깥쪽 10cm의 위치에 둔다.
3. 타자는 플레이에 지장을 준다고 판단한 아웃 볼을 심판원에 신고하여 일시 이동시켜 주도록 할 수 있다.

제2항 아웃 볼의 타격

1. 아웃 볼을 타격할 때는 조치된 위치에서 한다.
2. 아웃 볼의 타격은 인사이드라인 안에 정지했을 때 정당한 플레이로 한다.
3. 아웃 볼을 타격하여 자구가 인사이드 라인 안에 들어가지 못했을 경우는 이동전 위치로 되돌린다.
4. 아웃 볼을 타격하여 자구가 재차 인사이드라인 밖으로 나간 경우는 그 위치의 아웃 볼로 한다.

제3항 아웃 볼 타격위반

1. 아웃 볼을 타격하여 다른 공에 맞거나 또는 간접적으로 다른 공을 이동시켰을 경우에는 반칙이 되며 아웃 볼 타격위반으로 한다.

> **해설**
>
> - 타구가 게이트, 골폴에 접촉 되어 있을 때는 자구가 게이트, 골폴에 닿으면 간접적으로 그 타구가 이동된 것으로 간주한다.

2. 아웃 볼 타격위반을 했을 경우는 다음과 같이 조치한다.
   ① 자구는 반칙위반 시점의 직근밖으로 한다.
   ② 아웃 볼 타격위반에 의해 이동한 타구는 이동전 위치로 되돌린다.
   ③ 타자의 권리는 상실한다.

제17조 완료

제1항 완료의 성립

1. 제3게이트를 통과한 공이 골폴에 맞았을 때는 완료가 성립된다.
2. 타자가 스파크 타격으로 타구를 완료시키고자 세트 할 때 그 타구를 골폴에 접촉시켜서 타격하면 완료는 성립되지 않는다.
3. 제3게이트를 통과된 공이 골폴에 접촉되어 있을 때는 다음의 플레이로 완료가 성립된다.
4. 타자가 제3게이트를 통과된 아웃 볼을 타격하여 골폴에 맞춰도 완료는 성립되지 않는다.
5. 완료가 성립된 공은 코트 안에서 드러낸다.

제18조 촉구위반

제1항 촉구위반

1. 타자가 경기규칙에서 허용되어 있는 행위 이외로 코트안의 공에 닿은 경우에는 반칙이 되며 촉구위반으로 한다.

> **해설**
> - 유니폼의 옷자락, 소매 등에 닿았을 경우 및 떨어뜨린 스틱에 닿았을 경우에도 반칙이 된다.
> - 모자 등에 몸을 지니고 있는 물건이 몸에서 떨어져 공에 닿는 것은 반칙이 되지 않는다.

2. 촉구위반을 했을 경우에는 다음과 같이 조치한다.
   (1) 타자가 정지 구에 닿았을 경우
      ① 촉구 위반한 공은 촉구한 위치로 되돌린다.
      ② 타자의 권리는 상실한다.
   (2) 타자가 이동 중인 자구에 닿았을 경우

① 자구는 촉구한 위치의 직근밖으로 한다.

② 타자의 권리는 상실한다.

(3) 타자가 이동 중인 타구에 닿았을 경우

① 촉구 위반한 타구는 촉구한 위치로 되돌린다.

② 자구는 정지한 위치의 직근밖으로 한다.

③ 타자의 권리는 상실한다.

(4) 타자의 스틱 및 몸이 게이트나 골폴에 닿아서 공을 이동시킨 경우

① 촉구위반으로 이동한 공은 이동전 위치로 되돌린다.

② 타자의 권리는 상실한다.

> **해설**
> • 공이 게이트, 골폴에 접촉되어 있을 때는 게이트, 골폴에 닿으면 반칙이 된다.

(5) 스파크 타격에 관련되는 행위 중에 촉구위반이 되었을 경우에는 그 상황에 따라 제15조 제4항 스파크 타격위반 2. 및 3. 의 조치를 적용한다.

제19조 타임 아웃

제1항 타임아웃

1. 타임아웃이란 주심이 경기를 일시 중단 하는 것으로서 경기 시간에 포함되지 않는다. 또 팀이 타임아웃을 요구할 수는 없다.

제20조 레페리 타임

제1항 레페리 타임

1. 레페리타임이란 경기 중 심판원이 인정한 행위로 소요된 시간을 말한다.
2. 반칙의 판정 선고 후 다음의 타순 경기자를 통고할 때까지는 레페리 타임으로 한다.
3. 주장의 질문에 대해 심판원이 응답하는 시간은 레페리타임으로 한다.
4. 레페리타임에 소요된 시간은 타임오버에서 제외되나 경기시간에 포함된다.
5. 레페리타임 중의 타자의 행위는 무효 플레이로 하다.

제21조 용구의 교환

제1항 스틱의 교환

1. 타자는 심판원에 신고하여 스틱을 교환할 수 있지만 코트 안에 가지고 들어갈 수 있는 것은 1개만으로 한다. 또한 교환에 소요된 시간은 레퍼리 타임이 되지 않는다.
2. 교환하는 스틱은 확인을 받은 것에 한한다.

4 경기중단·연기 및 중지

제22조 경기중단·연기 및 중지

제1항 경기중단

1. 일기 기타의 사정으로 경기의 속행이 일시적으로 불가능하게 됐을 때는 경기를 일시 중단할 수 있다.
2. 일시 중단된 경기는 중단한 때 놓인 상태 그대로 재개한다.

제2항 경기연기 및 중지

1. 경기속행이 불가능하게 되었을 때는 경기를 연기하든지 또는 중지한다.
2. 경기 개시 후 20분을 경과하기 전에 경기를 연기했을 때는 그 경기를 처음부터 다시 시작한다.

5 심판원

제24조 심판원

제1항 심판단의구성

1. 주심 1명
2. 부심 1명
3. 기록원 1명
4. 선심은 필요에 따라 둘 수도 있다.

제2항 주심

1. 주심의 권한
   (1) 주심은 경기 규칙에 따라서 경기를 주재하며 경기규칙에 정해져 있지 않은 경기상의 문제를 결정하는 권한을 가진다.
2. 주심의 임무
   (1) 플레이볼 및 게임 세트의 선고
   (2) 타순경기자에 대한 타격의 통고
   (3) 타임아웃의 선고와 재개의 선고
   (4) 경기의 중단 및 재개의 통고
   (5) 경기의 방해에 대한 벌칙의 적용
   (6) 경기의 몰수의 판정 및 선고
   (7) 경기 종료 후의 기록내용의 확인
   (8) 승패의 판정 및 선고
   (9) 승패의 판정 및 선고 후 양 팀의 주장으로부터 사인을 받는다.

제3항 주심과 부심의 임무

1. 주심과 부심이 공유하는 임무
   (1) 경기장의 점검
   (2) 양 팀의 오더의 확인
   (3) 선공, 후 공의 확인
   (4) 용구 및 복장의 점검
   (5) 게이트 통과와 완료의 판정 및 선고
   (6) 터치의 판정 및 선고
   (7) 아웃 볼의 판정 및 선고
   (8) 경기자의 교체의 승인과 기록원에 대한 통고
   (9) 반칙에 관한 판정 및 선고
   (10) 경기의 방해에 대한 주의
   (11) 경기의 질문에 대한 대응
   (12) 공의 일시 이동과 일시 고정

제4항 부심

1. 부심의 임무

(1) 부심은 전항의 임무를 주심과 함께하는 이외에도 주심을 보좌하며 주심이

임무를 수행할 수 없을 때는 주심을 대신하여 그 임무를 수행한다.

제5항 기록원

1. 기록원의 임무
   (1) 경기규칙에 따라서 기록표에 필요사항을 기입한다.
   (2) 주심 또는 부심으로부터 기록에 관하여 확인이 있을 때는 이에 답한다.
   (3) 판정에 관한 주심 및 부심에 대한 조언
   (4) 경기시간 경과의 통고 「15분전」,「10분전」,「5분전」,「경기시간 종료」를 통고한다.
   (5) 경기의 기록에 관하여 주심의 승인을 얻는다.
   (6) 경기시간의 계측

제6항 선심

1. 선심의 임무
   (1) 선심은 아웃 볼에 관하여 주심 및 부심을 보좌한다.
   (2) 경기의 방해에 대한 주의

제 4 장

게이트볼의 멤버 구성

1 팀의 편성

게이트볼은 한 팀이 5명씩이 아니면 할 수 없는 것인가?

결코 그렇지는 않다. 평소 연습 게임이나 교류 시합으로는 4대4, 6대6이라도 좋다. 다만, 경기를 위한 경기규칙에서는 5대5로 경기하기로 되어있다. 이 인원수로 하는 것이 가장 게임을 재미있게 전개할 수 있기 때문이다. 여기에서는 경기 규칙에 대한 팀의 편성 방법을 말하겠다.

연습게임에서 4명, 6명, 7명 등의 팀으로 하는 경우도 이것에 준하면 좋다. 경기에서는 한 팀은 5명에서 7명까지의 멤버와 주장 1명으로 편성한다. 감독이 주장을 겸하는 것은 할 수 없다.

7명(또는 6명)의 멤버 중에서 경기에 출전하는 멤버는 항상 5명이다. 다른 2명(또는 1명)은 교체 요원이다. 교체는 한 게임 중에 2명까지 각각 한 번만 할 수 있게 되어 있다. 만약 교체 요원이 없으면 5명이 그대로 뛰어야 한다. 경기에 출전은 참가해서 신청해도 좋고 팀 멤버의 성명 등을 등록해야 한다. 참가신청을 하지 않은 경기자가 경기에 출전할 때는 몰수 시합이 되어 득점은 0이 된다. 그러면 상대팀이 이기게 된다.

만약 사전에 참가신청이나 등록을 한 사람이 경기 당일 출전할 수 없게 되고 경기 개시 때에도 나오지 못하면 또한 어떻게 될까.

경기는 적어도 5명이 갖추어져 있지 않으면 시합을 할 수 없으니까 신청 인원이 6명 이상인 때는 1명이 빠져도 그 팀은 출전할 수 있지만 신청이 5명인 팀의 경우는 문제가 된다.

경기의 주최자나 개최 요항에 의하여 다르지만 원칙으로는 당일의 참가 신청 멤버 이외의 보충은 인정하지 않는 것이 보통이다. 물론, 경기 당일 이전의 변경은 인정하지만 혹은 편성 발표 전에 보충을 할 수 있다고 하는 경기는 있다. 경기의 개최 요항을 될 수 있으면 확실히 하고 신청할 때는 주최자에게 문의해 둔다. 만약 경기 중에 경기자가 사고가 있어서 결원이 되어 5명 이하가 되어도 게임은 속행할 수 있다. 그때 결원된 사람의 타순이 된 때에 심판은 그것을 확인하여 그 사람의 볼을 잡아 제거한다. 팀의 편성은 남녀, 혹은 연령에 제한 없이 편성을 할 수 있을 때도 55세 이상의 남성만이라고 한 조건을 붙일 수 있던 경기도 있었다. 때로는 10대, 20대, 30대, 40대, 50대 이상 각각 1명씩이 한 팀에 여성 2명 이상 들어있어야 한다는 것과 같은 조건을 세우는 일도 있다. 게이트볼은 성별, 연령에 제한을 받지 않는 스포츠이기 때문에 이와 같이 혼성팀의 경기가 늘어가는 것이라 생각한다.

2 감독의 역할

감독은 팀의 수습 역할인 동시에 게임의 진행 중에 작전을 진행하는 중심이기도 하고 경기를 하는 사람에게 조언자역이기도 하다. 경기 규칙에서는 감독은 코트 안에서 경기를 하는 자기 팀의 경기자에게 조언을 할 수 있게 되어 있다. 그러나 지시를 할 때에도 아웃사이드 라인 안에 들어올 수 없다. 항상 코트의 다른 곳에서 지시나 조언을 한다.

감독은 경기 진전이나 장면을 주의 깊게 관찰하면서 다음 작전을 생각하고 다음 타순의 경기자에게 조언을 하고 전술 협의를 하는 것이 중요하다. 감독은 주장과 함께 팀을 수용하고 팀을 만드는 것뿐만 아니라 팀 멤버의 규율이나 매너에 관한 책임이 있다. 만약 팀의 멤버에 부정한 경기나 상대팀을 야유하면 심판 판정에 영향을 주는 페어가 아닌 행위가 있다고 인정될 때에는 감독 책임이 된다.

심판 판정은 끝까지 존중해야 한다. 항의나 이의를 주장하여 항의할 수 없다. 룰의 해석의 적용에 관한 의문이 있을 때의 질문은 감독만이 할 수 있다. 타임아웃의 요구는 할 수 없다. 경기 규칙에서는 질문하고 싶은 사항이 일어난 시점에서 즉각 질문해야 되며 나중에 할 수 없는 것이 있다. 질문에 필요한 타임은 경기 시간에 포함된다.

제 5 장

경기의 심판요령

어떠한 스포츠를 막론하고 경기를 함에 있어서 반드시 심판이 필요하게 되며 큰 대회일수록 많은 사람이 경기운영에 종사하게 되며 이들의 상호협력이야말로 절대적으로 필요한 것이다. 이것이 잘되고 못 되고에 따라서 그 대회의 성패가 달려 있다고 해도 과언이 아닐 것이다.

특히 그 중에서도 심판원의 역할은 매우 크며 그 시합을 잘 운영함으로써 경기자 상호간에 좋은 인상과 추억이 될 수 있도록 해야 하며 또한 공평하고 정확한 판정을 함으로써 분쟁의 소지가 없도록 해야 한다. 또한 심판원은 그 대회의 성격이나 참가자의 구성멤버등도 잘 파악해서 운영의 묘를 살리도록 해야 한다.

1 심판 의무와 권한

일반적으로 심판은 승패나 득점, 반칙을 판정하는 사람으로 경기의 진행을 하는 역할이 심판의 중요한 임무이다.

게이트볼에서 각각 경기자의 타순과 경기의 개시(타격)를 심판이 지시하는 것이므로 게이트볼의 심판은 전 경기의 주재자이다. 게이트볼 심판은 경기 규칙에서는 주심과 부심의 두 사람이 행하며 기록원은 기록을 맡는다.

주심은 경기개시, 경기 중의 모든 판정, 종료나 진행 및 승패의 선고를 하는 큰 권한을 가지고 있다. 규칙에 명백하게 쓰여 있지 않은 문제가 생긴 때에는 그것에 관한 판단을 민첩하게 하는 것도 주심의 권한이다. 구체적인 임무는 주로 다음과 같다.

- 경기 볼과 게임 세트를 선고한다.
- 타자에게 경기 개시를 알린다.
- 게이트의 통과나 다른 볼에 터치 판정을 한다.
- 치는 방법이 바른지 아닌지 판정한다.
- 종료를 판정한다.
- 아웃 볼의 판정을 한다.
- 볼의 이동을 판정하여 지시한다.
- 반칙이나 경고에 관한 판정을 한다.
- 승패를 판정하여 선고를 한다.
- 경기자 교체 선고를 한다.
- 몰수 시합 결정과 선고를 한다.
- 규칙에 명시가 없는 것을 결정한다.

부심은 경기를 진행하는데 있어서 주심의 보좌역으로 주심에 준하는 권한을 가지고 다음 임무를 권한다. 선고권은 없다.

- 타자의 순위 확인을 한다.
- 주심에게 다음 타자를 통고한다.
- 경기 경과 시간을 통고한다.
- 득점을 기록한다.
- 아웃 볼의 통과 지점을 확실히 하여 지정 위치를 조치한다.
- 판정을 주심에게 준하여 자기의 의견을 말한다.
- 15분전, 10분전, 5분전에는 남은 시간을 경기자에게 통고한다.

2 심판 방법

심판원은 항상 명쾌한 동작과 명확한 언동을 해야 한다. 중요한 것은 경기에 출전하고 있는 경기자 전원으로부터 신뢰받는 태도나 행동, 표현을 하는 것이다. 그것에는 엄숙과 함께 우아한 인품이 있다. 통고나 선언, 판정은 발성과 호각 및 손과 팔의 동작으로 행한다. 말로 선고할 때는 큰 소리로 똑똑히, 명확하게 한다. 타순 등의 콜은 최초에 번호를 말하고 나서 통고한다. 판정에 있어서는 될 수 있는 한 재빠르게 판단하여 명확한 선고를 한다. 정확하지 않은 판정은 경기자에게 불신감을 주게 하는 바탕이 된다.

더욱이 경기 규칙에 나타나 있지 않은 판정을 할 때에는 주심은 부심의 의견을 물을 수 있다.

게이트의 통과, 터치, 진입 등의 판정은 트러블의 바탕이 되기 때문에 한번 옳다고 생각하고 바른 판정을 하여 정정하지 않는 것이 중요하다.

어느 심판 행위 중에서도 특히 어려운 것은 반칙 판정이다. 고의적인 반칙에는 물론 엄격한 판정을 해야 한다. 그러나 때로는 무심코 실수할 때도 있을지 모른다. 또 반칙이 될지 아닌지를 판단할 수 없을 경우도 생긴다. 게임 전체의 승패에 영향을 주지 않는 반칙에는 때로는 관대하게 다루는 것도 심판의 마음이라 할 것이다.

시합 시간의 경과 확인과 남은 시간의 통고도 심판의 임무이다. 시간에 관해서는 특히 엄격해야 하지만 타임오버 직전의 경기에서는 충분히 명쾌한 판단과 지시가 중요하다. 어느 쪽이든 심판원에게 필요한 것은 경기 전체와 개개인의 경기에 대한 관찰력과 결단력, 그리고 자신이 있는 판정 행위이다. 모호한 태도는 게임을 혼란시킬 뿐이다. 이러한 심판 기술과 태도를 몸에 익히려면 경험을 쌓아 가는 수밖에 없다. 그리고 매일 게임을 보는 안목을 높이는 것도 필요하다.

3 경기 개시 전

1. 확인사항

심판원은 코트 장으로부터 필요한 사항을 확인함과 동시에 직전에 거행된 시합이 심판원으로부터 인계를 받고 코트의 정기 기타 경기진행에 대해 지장이 없는지를 살피고 특히 다음사항을 확인하도록 한다.

- 공, 재킨넘버, 코트라인의 점검(특히 스타트 지점에서 제1게이트까지의 사이)
- 코트의 상태, 코트라인의 점검(특히 스타트 지점에서 제1게이트까지의 사이)
- 주, 부심의 연계동작(호흡조정)

단, 코트장이 없는 경우에는 심판원은 위의 사항을 신속히 점검한다.

2. 오더표 작성

주심은 경기개시 5분전까지 대전하는 양 팀 주장을 불러 오더 표를 받고 타격 순서를 결정토록 한다. 방법으로는 「가위 바위 보」또는 「토스」에 의한다.

3. 선공 · 후 공의 결정방법

가위 바위 보에 따라 정할 때는 따로 정하지 않는다.

4. 정렬

경기개시 5분전의 방송에 따라 「주심은 제자리에 정렬해 주십시오.」라고 말 한다. 단, 이 때 제자리에 정렬하지 않는다면 그 경기에 출장할 수 없다. 정렬 하지 않은 자가 경기에 출장하면 부정출장이 되어 그 시점에서 확인이 되면 경기가 몰수되고 상대팀이 이기게 된다. 따라서 교체자라 할지라도 반드시 제 자리 정렬은 하도록 해야 한다. 이때 주장은 각 팀의 선두에 위치하며 교체 자 는 ⑨와⑩의 다음으로 정렬해야 한다.

5. 정열 후의 확인

(1) 타순 및 용구의 확인(공 번호 · 스틱)

주심은 「지금부터 타순과 용구를 확인 하겠습니다」라고 말한 뒤 후 공팀(백팀)의 용구를 확인하며 부심은 선공 팀(홍팀)부터 등록자와 타순 및 공 번호를 확인한다.

(2) 경기상의 주의

주심은 주장 및 경기자에 대해서 경기상의 주의사항으로 다음 사항을 주의토록 한다.

- 몸의 이상 유무에 대해서 묻고 상태를 파악한다.
- 경기 매너를 지키도록 주의한다.
- 규칙의 개정이 있을 때는 재확인시킨다.

(3) 자기소개와 인사

확인종료 후 주 · 부심은 원위치에 되돌아와서 주 · 부심의 소개와 경기자 상호간 인사를 시킨다.

예
- **주심** : 「지금부터 홍○○팀 대 백○○팀의 경기를 시작 하겠습니다.」, 「주심 ○○○」라고 소개하고 나면,
- **기록원** : 부심의 자기소개가 끝나면 「기록원 ○○○」라고 자기소개를 한다.
- **주심** : 부심 및 기록원의 자기소개가 끝나면 경기자에 대해서 상호간 인사를 하도록 한다. 즉, 「다 같이 경례」라고 한다.

6. 스타트 위치의 이동

(1) 경기상의 주의가 끝나면 주심은 「타격순으로 스타트 위치로 이동해 주세요.」라고 말하며, 경기자는 이에 따라 그 위치로 이동한다. 이때 교체 자는 정열하지 않아도 된다.

(2) 부심은 확인 가능한 범위에서 걸어가면서 ①번부터 순차로 경기자, 제킨번호, 공 등을 확인토록 한다(이 때 부심은 ①번, ②번…⑩번 호명하면서 확인해도 무방함). 확인이 끝나면 부심은 「이상무」라고 주심에게 알리고 제1 게이트 뒤쪽으로 위치하며 주심의 「플레이볼」 선언까지 기다리며 주심은 「알았습니다.」또는 고개를 끄덕이도록 한다.

4 경기 개시 및 경기 개시 후

1. 경기개시

대회본부에서 「경기개시」의 방송에 따라서 주심은 「플레이볼」의 선고와 이어 ①번하고 통고한 후 이동한다. 플레이볼 선고 후 경기자는 아웃사이드라인에서 대기한다.

* 주심으로부터 타순번호를 통고받은 타자는 한쪽 팔을 높이 들고 「○번」하고 복창과 동시에 스타트라인으로 나간다.

2. 스타트 타격 때의 주·부심의 위치

특히 스타트 타격 때 주심은 다음 사항을 잘 보도록 해야 한다.

- 스타트 라인 위에 공이 놓여 있는 가의 여부

- 두 번 치기, 밀어치기가 아닌가의 여부
- 기타(오버타임)

3. 스타트 타격 후

주심은 제1게이트 통과된 공이 정지되는 지점에서 신속히 이동하도록 한다. 이 때 게이트 앞에 정지된 공은 주심이 처치토록 하고 게이트 미 통과로 게이트 뒤까지 간 공이나 아웃 볼된 공은 부심이 처리한다. 이것이 주·부심의 연계동작이 된다.(이 때 타자가 집어나가도 지장이 없다.)

4. 제1게이트 통과의 판정·선고의 위치

(1) 판정·선고는 제1게이트 통과 후 공이 정지되는 부근에서 반드시 정지한 자세에서 콜 한다.

(2) 아웃 볼이 확실한 것은 그 상황에 따르고 코트 안에 정지하는 것이 확실한 것으로 판단되는 것은 그 때 바로 통과의 콜을 한다. 만일 선고 후 아웃 볼이 됐을 때는 "취소"라고 한다.

(3) 아웃 볼이 확실한 공에 대해서는 부심은 신속히 판단 그 쪽 경기라인 밖에서 기다리도록 한다.

(4) 기록원은 주심의 게이트 통과 선고 후 공이 정지한 것을 확인 후 복창 하면서 기록용지에 기입한다. 단, 제2게이트 이후는 복창 후 신속히 기입한다. 그리고 주심도 제2게이트 이후의 통과 선고는 통과 시점에서 신속히 콜 하도록 한다.

5. 계속된 플레이 중의 주·부심의 위치

(1) 주심은 타자의 앞에 마주보게 위치하고 부심은 공의 진행 방향에 위치해야 한다.

(2) 타격방향에 타인 공 또는 게이트가 있는지 여부와 아웃 볼 여부를 잘 예측하면서 다른 동작에 옮기도록 한다. 흔히 심판원이 저 정도는 아웃 볼이 되지 않을 것으로 생각하고 그냥 외면하면 그 공이 아웃 볼이 되는 수가 가끔 있으므로 항상 정지할 때까지 지켜보아야 하며 걸어가면서라도 그 공을 잘 주시하면서 이동해야 한다. 불확실한 선고는 심판원의 성실성과 정확성에 관한 위신이 손상될 수도 있다.

6. 터치시 주심 · 부심의 위치와 판정시기

(1) 부심은 미리 타격방향과 터치 공 등을 예측해 둔다.

(2) 주심은 터치 성립시 에는 신속히 선고 한다. 터치 혹은 통과 후 아웃 볼이 됐을 때는 주심=「○번 터치」, 「○번 아웃 볼」,「○번 제○게이트 통과」, 「○번 아웃 볼」이라 콜 한다.

(3) 타격 후 주심은 공과 같이 이동하지만 원 거리의 경우는 공쪽이 더 빨리 이동하기 때문에 터치된 공의 번호를 모르는 경우가 있다. 이와 같은 때는 부심이 「○번에 터치」라고 주심에게 조언한다.

7. 스파크 타격 시의 주심 · 부심의 위치

(1) 주심은 세트 및 타격의 정당여부를 정확히 판정할 수 있도록 타자와 정대면 하여 위치한다.

(2) 부심은 스파크 타격되는 방향에 위치하되, 상대방 공의 경우는 미리 경기라인 밖에서 대기하여 신속히 아웃 볼을 처치하도록 한다. 단, 단순한 송구로서 아웃 볼이 되지 않는 것으로 판단되는 공일 때는 임기응변하여 대처한다.

8. 아웃 볼의 조치요령

(1) 부심은 경기라인 밖으로 나간 공은 발 또는 손으로 막는다.

(2) 아웃 볼이 확실시되는 공에 대해서는 주심에 대한 부심의 제스처는 필요 없음.

(3) 부심은 아웃 볼 또는 세트 제스처를 취하게 되는 경우는 그 공이 인사이드 라인 밖으로 나간 것인지 아닌지의 여부를 주심의 위치에서 확인이 될 수 없는 경우의 공에 대해서 하게 된다.

(4) 아웃 볼된 공을 놓는 위치는 경기라인의 통과지점에서 직각으로 10cm의 위치로 한다.

(5) 1심은 방향지시 및 공의 세트의 상태에 따라 그 쪽 방향을 판단 신속히 이동 대기하도록 한다.

(6) 주심은 타자에게 미리 세트까지 완료시킨 후 부심의 대기위치를 확인하고

타격하도록 한다. 부심이 대기위치에 미쳐가지 못했을 때는 타자에게 세트를 완료 시킨 후 타자에게「잠깐」이라고 말하고「부심이 그 위치에 대기하면 좋습니다.」라고 하여 타격토록 한다. 이 때 10초의 계산은 중단한다.

9. 다음 타자의 타격통고 요령

(1) 주심은 다음 타자를 콜(타격통고)할 때는 반드시 다음 타자의 공의 위치를 확인 후 콜 하도록 한다. 예를 들면 ①번 타자의 타격 종료 후 ②번의 타자를 콜 할 때는 그 위치가 가까울 때와 멀 때의 경우 콜 위치가 조금 달라진다. 콜을 받은 타자는 10초 이내에 자기 공을 쳐야 되기 때문에 주심은 공과 경기자의 위치를 고려하여 통고해야 한다.

(2) 다음 타자는 지금 경기 중인 타자가 최종타격에 들어갈 때 대기 위치에서 보아 경기에 대한 콜이 있을 것으로 판단되면 미리 한 손을 높이 들고 있다가 자기의 타순이 통고되면「○번」또는「○아웃 볼」이라 복창 후 코트 안으로 입장하여 타격하도록 한다.

(3) 대기위반은 없으나 경기자는 항상 자기 공 부근 가까운 위치에서 대기토록 한다. 경기시간 30분 동안 가장 효율적인 경기진행을 위해서는 심판은 물론 경기자로서도 그렇게 협조함으로써 경기운영을 효과적으로 진행할 수 있게 된다.

(4) 부심은 주심이 다음 타자의 타순번호나 타자의 위치확인을 미리하지 못하고 망설일 때는 신속히 조언토록 한다. 즉, 부심은 타자의 위치 쪽으로 오른손으로 가리켜 준다. 또한 타순에 대해서도 주심에게 조언토록 한다.

(5) 아웃 볼이 된 타자에게 타순이 돌아와서 타격할 때 경우에 따라서는(거리 관계상 또는 경기의 신속한 운영을 위해서)부심에 대해서「부심 부탁합니다.」라고 하여 판정, 선고 권을 준다. 그러나 이 때 타순의 통고는 주심이 한다.

10. 경기자의 교체

(1) 주장으로부터 교체의 신고를 받았을 때 기록원은 누가 교체하는가를 확인 후 기록용지에 기입「○번 교체」라고 2번 복창한다.

(2) 주심은 교체경기의 직전 타자의 타격종료 후「○번 교체」라고 주심에게 알린다.

(3) 주심은 「○번」라고 일단 타순을 콜 한 후 기본자세를 취한 후 계속해서 「교체」라고 선언한다.

예 가령 ④번의 타자가 교체할 경우 주심은 「④번 교체」라고 콜 한다. 물론 이 때 제스처는 당연히 해야 한다.

제 6 장

경기의 기본 규칙

1 타격이란

타격이란 타자가 정지하고 있는 자기의 공을 스틱의 페이스로 치는 것을 말한다. 타격에서는 흙, 잔디 등과 함께 친 경우도 유효플레이로 한다.

타격은 스틱 헤드로 공을 쳐야 한다. 헤드 이외의 부분으로 치면 타격 위반 반칙이 된다. 자기 공의 타격은 타순의 경기자가 심판에게 신고해야 하며 포기 신고 후 취소는 안 된다.

타순에 의하여 타격을 할 때는 심판의 타격통고 후 10초 이내에 공을 친다. 게이트 통과 등에 의하여 계속해서 타격을 할 수 있는 경우는 자기 공과 다른 사람의 공이 완전하게 정지한 때부터 10초 이내에 타격을 행한다.

어느 쪽의 경우도 10초를 넘으면 오버타임의 반칙이다. 공을 쳤어도 스틱이 허공을 쳐서 흔들리는 스틱이 공에 닿지 않게 되면 타격으로 간주되지 않아 계속해서 공을 칠 수 있다. 그러나 칠 때 풍압의 힘이나 스틱이 지면의 흙이나 돌 등을 쳐서 공이 움직였으면 타격을 한 것으로 한다. 또 전혀 친 것 같지 않아도 스틱 헤드에 공이 닿으면 타격을 한 것으로 인정된다. 두 번 치기와 일어 치기는 반칙이다.

두 번 치기란 공을 두 번 계속해서 치는 것을 말하며 실수를 하여 스틱이 공과 접촉되어 다시 치게 되는 경우와 자기의 바로 앞에 있는 다른 공을 터치할 때 다른 공에 맞아 멈춘 자기 공을 재차 치는 경우가 있게 된다. 이 경우에는 순간적으로 일어나는 일이기 때문에 눈으로 보아 그것을 알 수는 없다. 따라서 소리로 판단하게 된다.

밀어치기란 스틱 헤드를 자기 공과 접촉시킨 뒤 타격 방향 선을 넘어서는 타격으로 목표와 자기 공을 연결하는 가상 선을 두 다리 사이에 두고 치는 방법이다. 그 가상 선을 넘어서도 안 되고 밟아도 안 된다. 왜냐하면, 이 어느 쪽도 타격위반이 되기 때문이다. 잘못이라도 자기 공 이외의 공을 쳐서는 안 된다. 타격에서는 자기 번호의 공밖에 칠 수 없는 것이다. 타인의 공을 치면 부정 타격의 반칙이다. 타격자세는 자유롭지만 다음과 같은 자세가 있다.

① 앞치기
② 옆치기
③ 걸터치기

중심인장을 쥐고 치면
치기 힘들다.

이러한 치는 방법도 안된다.
무릎아래 타격은 부정타격이다.

2 타격의 기본을 잘 알아야 한다.

자기 공을 앞에 놓고 양쪽 발을 가볍게 열고 선다. 공과 발의 간격이나 공에 대해 좌우 어느 쪽에 양쪽발 앞의 조금 앞, 양쪽발의 중앙 정도에 공이 위치하면 된다고 말한다. 그리고 다리, 허리, 어깨를 수직선과 평행이 되게 하며 허리를 지나치게 뒤로 보내면 체중이 팔꿈치에 걸린다. 체중은 양발에 고르게 주며 다소 발끝으로 가도록 한다. 스틱은 팔에서부터 일직선이 되도록 손목을 앞으로 내보낸다.

타격의 성패는 공이 이동하는 거리나 방향에 따라서 결정된다.

어느 정도의 거리와 방향으로 치면 어느 정도 공을 이동시킬 수 있으며, 목표로 하는 방향으로 갈 수 있을까, 이러한 것이 타격연습의 포인트다.

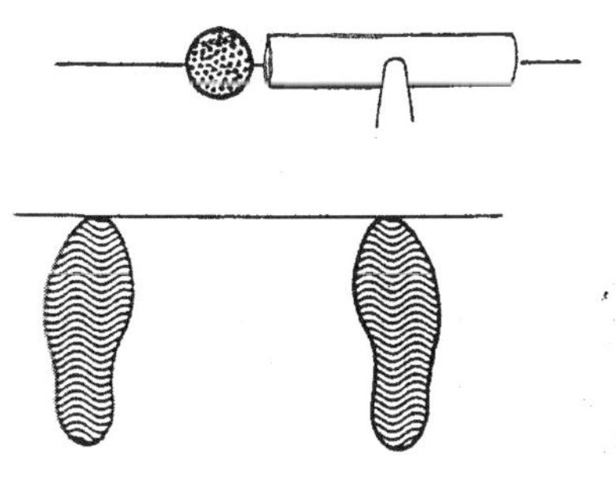

발을 어깨폭정도 벌리고, 골을 발끝의 조금앞, 양발의 중앙에 오도록 선다.

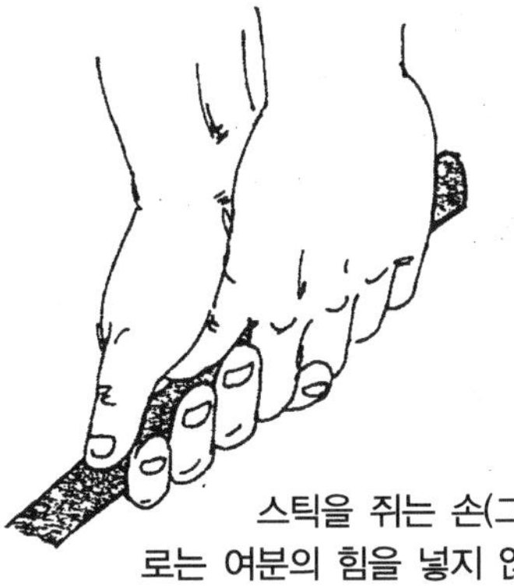

스틱을 쥐는 손(그림)으로는 여분의 힘을 넣지 않는다.

여하튼 친 공이 목표로 한 거리와 방향으로 나가지 않으면 좋은 경기가 되지 않는다. 그리고 원하는 거리만 이동해 정지시킬 수 있으면 게이트의 통과는 물론 터치도 마음먹은 대로 할 수 있게 된다. 방향이나 거리를 좌우하는 것은 스틱 헤드로 공을 칠 때의 촉감과 힘이다. 목표로 하는 방향으로 양쪽 발을 직각이 되게 위치하여 스틱을 공의 중심에 맞추는 것이 좋은 타격이 된다. 다만, 양쪽발의 위치는 목표가 직각이고 공에 스틱이 닿는 부분이 한가운데가 아니면 목표의 방향으로 가지 않는다.

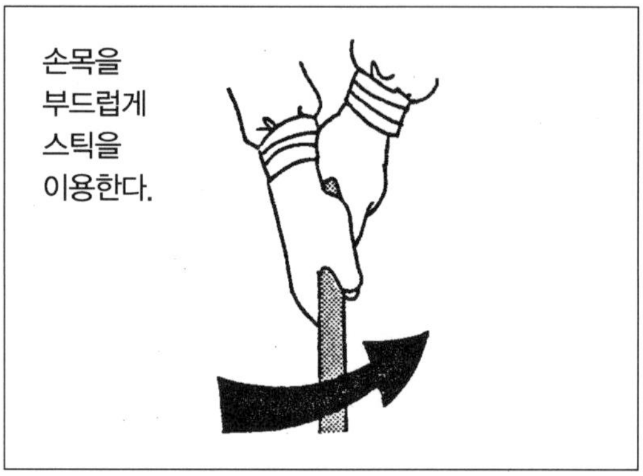

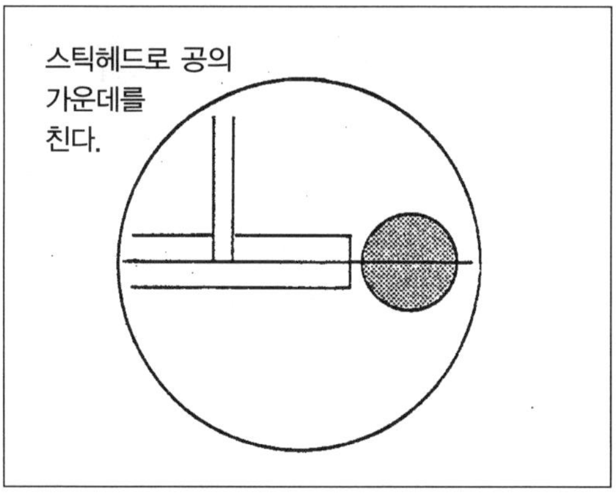

스틱과 공을 잇는 선과 신체가 평행이 아니면 원하는 방향으로 나아가지 않는다. 닿은 공에 가해진 힘에 의하면 나아가는 거리가 정해진다. 이 힘은 스틱이 공에 닿을 때의 충격의 강·약에 의하여 거의 정해지므로 닿는 순간 타격한 힘의 가감이 중요하다.

스틱의 스윙은 힘을 넣지 말고 시계의 추와 같이 고르게 흔든다. 이 점이 골프의 스윙과 조금 다른 점이다. 먼 거리를 목표로 칠 때는 흔들어 올리는 방법이 크고 가까운 거리에서는 적게 한다. 함께 치는 순간에 가해지는 힘은 먼 거리만큼 강하지 않으면 안 된다. 이 흔들어 올리기의 가감과 공에 스틱이 닿은 순간의 힘이 거리를 정하는 것이다.

바른 타격자세

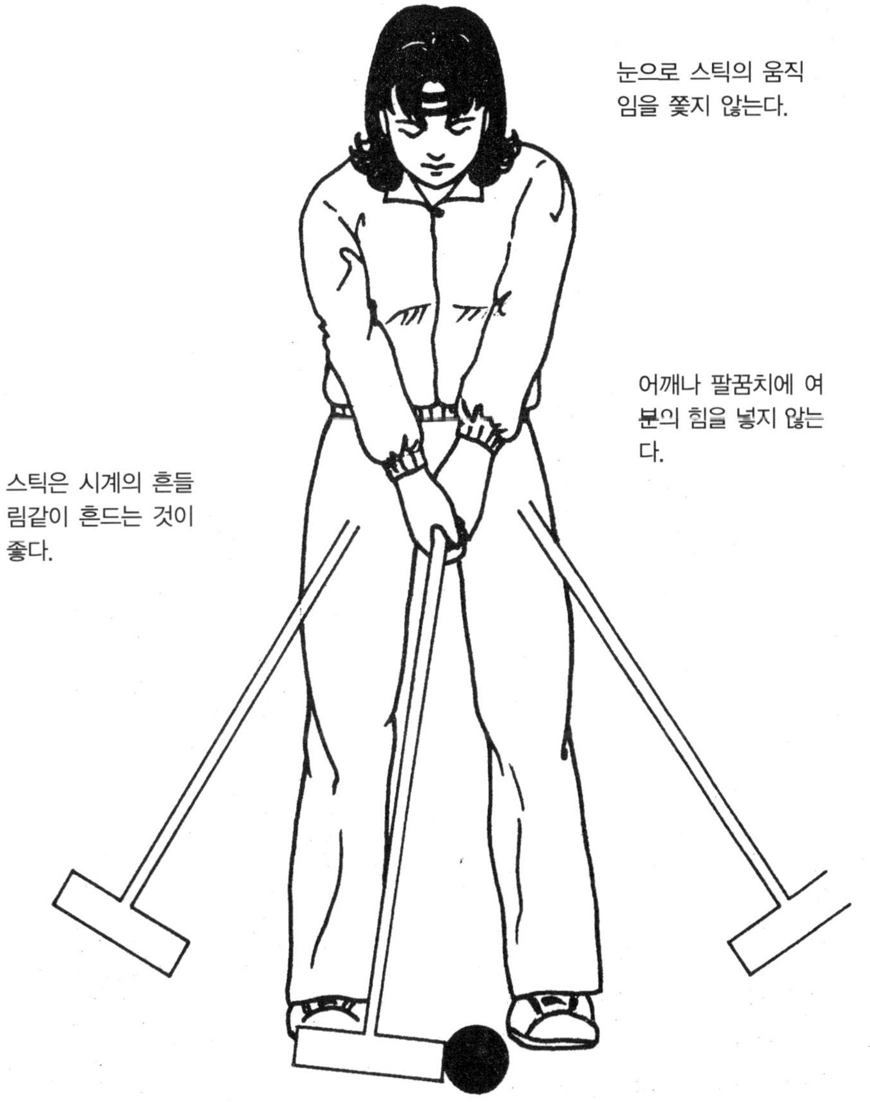

타격 시 긴장해서 몸이 굳어지면 정확한 타격을 할 수 없다. 오히려 릴렉스한 자세와 기분으로 친다. 무릎은 조금 구부린 정도로 어깨의 힘을 빼고 확실하게 스틱을 쥐고 치는 것이 중요하다. 칠 때 눈은 치려고 하는 공을 응시한다. 스틱의 흔들림에 관심을 쏟으면 정확한 타격이 되지 않는다.

먼곳의 목표를 겨누었을 때는 옆으로 당기는 느낌으로 흔드는 것을 크게 한다.

가까운 곳을 목표로 한 때는 흔듦을 적게 한다.

나쁜 타격자세의 예 (1)

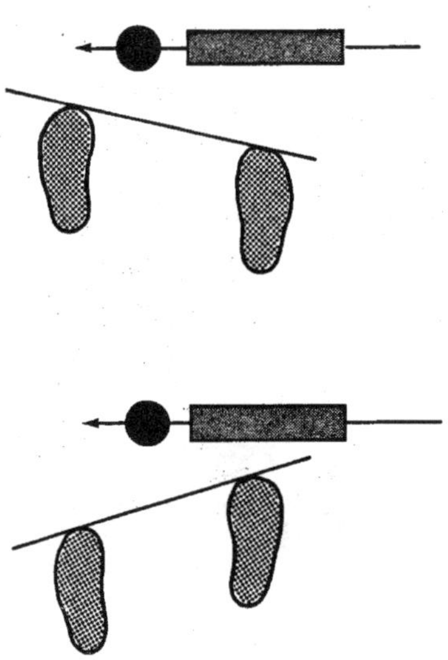

스틱과 공을 이은 선과 신체가 평행이 아니고 목표 방향으로 보내지 않는다.

중심(重心)을 뒤로 보내는 자세는 좋지 않다.

나쁜 타격자세의 예 (2)

3 타격의 효과적 연습법

게이트볼 경기의 기본은 타격이다. 먼저 타격의 연습을 평소 열심히 하는 것이 기술 숙달의 바른 방법이다. 연습의 제일은 공을 쳐서 목표로 하는 방향으로 이동시키는 것이다. 그때 두 번 치거나 밀어 치기를 하지 않는다.

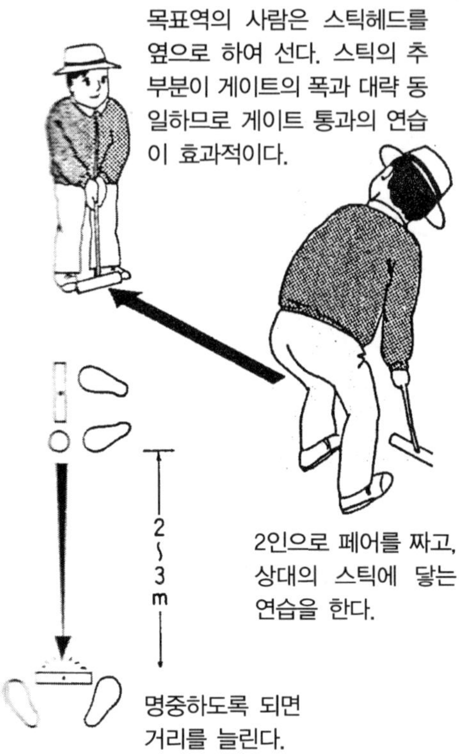

원하는 방향으로 타격이 된다면 다음은 목표를 향해 치는 연습이다. 방향보다도 거리를 정확하게 맞추는 것이 더욱 어렵다. 이와 같이 타격의 방향과 거리의 연습을 함께 하려면 직경 1m 원을 그리고 친 공이 그 원의 가운데로 들어갈 수 있게 연습하고 다음은 50cm의 원에서 연습을 한다. 50cm의 원 가운데로 정확하게 넣게 되면 통과나 터치를 확실히 할 수 있는 것은 어렵지 않다.

경기대회 코트는 전면 플랫의 상태에 있다. 그렇지만 평소 연습이나 시합, 친선 시합 등의 코트는 반드시 그와 같은 평평한 상태는 아니며 일부러 제한하지 않는다. 이렇게 고르지 못하거나 경사면에서는 친 공이 목표 방향이나 거리로 가지 않는 경우가 자주 일어난다. 그래서 처음에는 평면에서 연습을 하고 고르지 않거나 경사면인 곳에서 연습을 쌓으면 자연스럽게 기술을 높일 수 있다.

타격의 초보연습

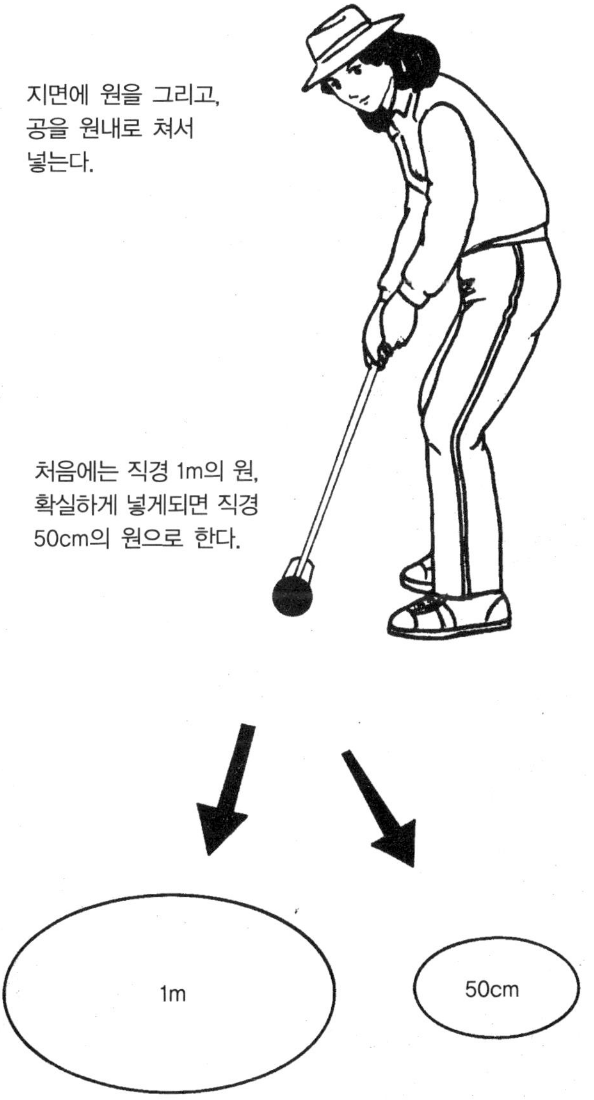

4 게이트 통과 판정

공이 정해진 바른 방향으로 게이트를 지나가는 것이 게이트의 통과이다.

그러나 그 순서가 제1, 제2, 제3게이트의 순서대로 지나가지 않으면 통과라고 인정되지 않는다. 또한 제2게이트를 통과하지 않고 제3게이트를 통과시켜도 통과는 아니다. 즉, 득점에는 도움이 되지 않는다는 것이다.

바른 방향이라는 것은 앞의 경기장 그림에서 나타난 화살표 그림과 같은 방향으로 통과한 것이다. 이 방향으로 된 게이트에 대해 공이 비스듬하거나 직각으로 통과해도 통과로 인정된다. 이 반대 방향으로 공이 게이트를 통과한 때는 통과가 아닌 것이다. 게이트를 통과한다고 하는 것은 게이트를 바로 위에서 보아 공이 게이트 밑을 완전히 빠져나가는 것을 말한다. 공이 조금이라도 게이트의 선에 걸려있는 것은 통과가 아니다.

게이트의 통과는 자기의 타격에 의하여 직접 통과시켰으면 타인의 바른 경기에 의한 터치나 스파크 타격의 결과 공이 통과한 경우도 통과로 인정된다. 따라서 자기편 공을 터치 혹은 스파크 타격에 의하여 게이트를 통과시킬 수도 있다.

자기 타격에 의하여 공을 통과시켰을 경우는 통과한 공이 아웃이 되지 않는 한 또 한 번 타격을 할 수 있는 권리가 주어진다. 이것은 제1, 제2, 제3게이트와 같다.

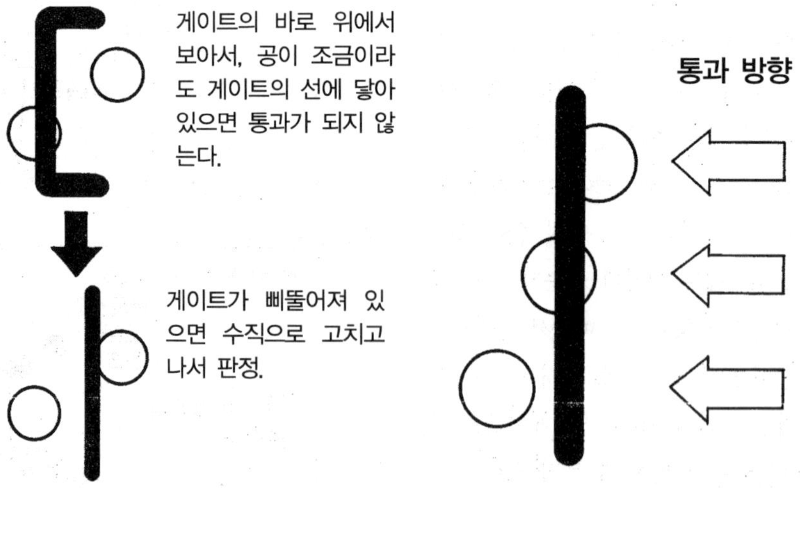

게이트를 통과할 때 공이 게이트에 닿았을 때는 괜찮다. 닿은 것으로 인해 공이 돌아오지 않고 게이트를 통과하지 않는 경우가 일어나지만 반대로 이것을 이용해 통과를 목표로 하는 방법도 있다.

5 게이트 통과 룰

1. 제1게이트의 통과

제1게이트의 통과는 스타트 라인에서 한 번에 스트레이트로 하지 않으면 안 된다. 만약, 한번 타격으로 통과에 실패하면 다음 2회째의 타순 때에 스타트라인에서 다시 한다. 2번째도 실패할 경우 또 그 다음 3회째 타순이 된 때에는 3번째 스타트 라인에서 치게 된다. 즉 제1게이트까지는 4m이다. 그것을 조금 초과한 정도의 거리로 쳐서 바로 게이트를 통과시키는 것이 필요하다.

제1게이트의 통과로의 실패한 공은 즉각 코트 내에서 잡는다. 스타트를 하지 않은 공은 코트 내에 둘 수 없다.

그러면 제1게이트를 통과한 공이 제1라인을 넘어 코트 밖으로 나온 경우는 어떻게 되는가. 제2, 제3 게이트 때는 통과가 인정되지만 제1게이트에 한해 통과는 인정되지 않는다. 따라서 통과하지 않은 때와 같이 다음 타순으로 스타트 라인에서 재 스타트하라고 말하게 된다. 제1게이트를 통과한 공이 다른 공에 닿아 코트 밖으로 나온 때는 어떻게 되는가. 이 경우 통과가 인정되지 않는다. 따라서 통과하지 않은 때와 같이 다음 타순으로 스타트라인에서 재 스타트하라고 말하게 된다. 제1게이트를 통과한 공이 다른 공에 닿아 코트 밖으로 나온 때는 어떻게 되는가. 이 경우는 통과가 인정 되지만 곧바로 한 번 계속해서 치는 권리는 없어진다. 그리고 자기 공은 아웃이므로 코트밖에 두고 타인의 공은 닿은 힘으로 인해 이동한 위치에 그대로 둔다. 제1게이트를 바로 통과한 때는 다시 한 번 계속해서 칠 수 있다. 제1게이트 통과 전에 다른 공의 근처, 그리고 게이트를 통과한 때는 통과가 된다.

제1게이트 통과가 인정되는 경우, 인정되지 않는 경우

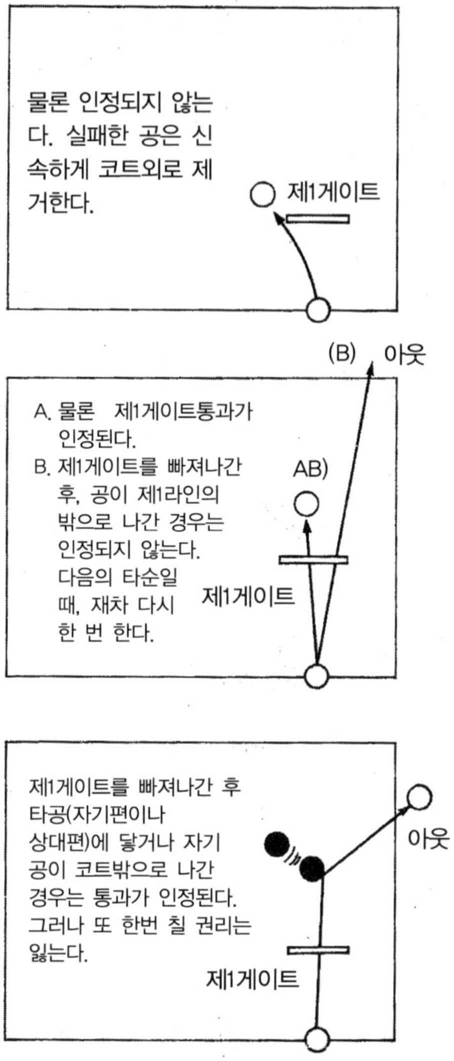

2. 제2, 제3의 게이트 통과

제1게이트 통과 후 공이 바른 방향으로 제2게이트를 통과하면 제2게이트의 통과가 된다. 제3게이트의 통과는 제2게이트 통과 후의 공이 역시 바른 방향으로 통과하지 않으면 인정되지 않는다.

제2, 제3게이트로 통과한 공이 코트 밖으로 나온 경우에도 통과로서 인정되지만 공은 아웃이 된다. 따라서 한 번 더 치는 권리는 없어진다.

제2, 제3게이트의 통과는 자기 타격 외에 타인의 유효인 터치나 스파크 타격에 의해서도 인정된다. 타인의 공을 치거나 스파크 타격에 의하여 제2, 제3 게이트를 통과시킬 수 있다.

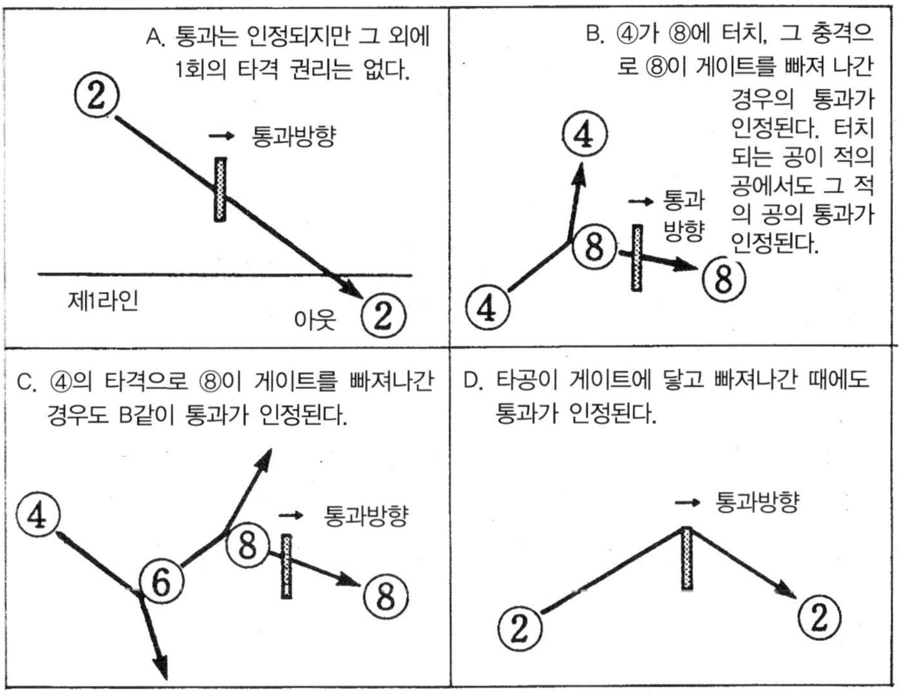

제2,3 게이트 통과의 여러가지

6 게이트 통과 연습

연습 요령은 타격과 같다. 게이트의 폭은 22cm이므로 그 범위내의 각도로 칠 수 있게 충분히 연습하면 게이트를 겨냥해서 칠 수도 있다.

거리도 게이트를 완전히 공이 통과할 수 있지만 강하게 치면 아웃이 되는 수도 있다. 또 게이트 통과 후에 타구에 터치하는 경우도 있기 때문에 게이트를 통과하여 멈출 수 있는 지점도 연습할 필요가 있다. 이것은 볼을 치는 강도의 문제로 타격 연습 때 설명했던 바와 같이 원내에 정확하게 볼을 쳐서 넣는 연습을 여러 가지 거리에서 해보는 것이 좋다.

그 다음에는 두뇌, 즉 작전계획을 세우는 일이 중요하다. 제1게이트에서는 게이트의 정면에서 직각이 되게 치면 좋지만 제2, 제3게이트의 경우는 자기 공의 위치에 따라서 비스듬히 통과시키기도 하고 게이트의 옆이나 정해진 통과 방향과는 반대의 위치에서 통과시키지 않으면 안 되는 경우도 자주 생긴다. 그와 같은 경우를 예상한 경기의 연습이 필요하다.

특히 경사진 방향에서 통과시키는 연습을 확실히 한다. 조금만 틀려도 게이트로부터 비켜나거나 게이트에 닿고 엉뚱한 방향으로 튀기도 한다. 우 경사, 좌 경사 등 여러 가지 각도에서의 치는 방법을 충분히 연습해 보는 것이다.

게이트의 옆에 있는 공이나 반대 방향에 위치한 공은 일단 게이트의 정 방향으로 되돌리지 않으면 통과시킬 수 없다. 쉽게 말하면 옆에 있는 공은 일단 게이트의 정면에 또 반대 위치에 있는 공은 게이트를 반대방향으로 빠져나가 정면으로 옮기고 게이트의 통과를 지향하게 된다. 그러나 연속해서 타격을 할 수 없는 권리지만 모처럼 통과할 수 있는 방향으로 옮겨도 다음 타순의 상대측 경기자의 터치 등에 의해 또 배제되는 수가 있다. 원칙으로는 다음 타자의 공이 게이트의 부근에 없고 또한 다음 차례 타자인 자기 팀 공이 그 근처에 있을 때 정면의 위치로 옮겨두는 것이 유효하다고 말할 수 있다.

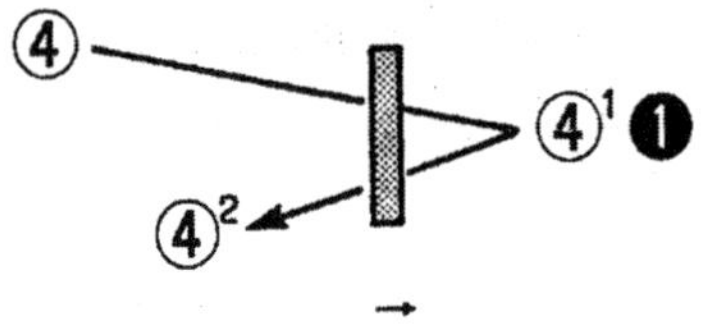

바른 통과방향

게이트 통과 후, 다른 공에 닿고 그 반동으로 ④2의 위치에서 멈추는 경우, 또 한 번 타격할 수 있다.

7 터치 플레이

터치란 자기의 공을 쳐서 타인의 공에 맞추는 것이 터치이다. 자기 팀 공이나 상대팀의 공이라도 터치를 할 수 있다.

타인이 자신의 공을 터치나 스파크 타격하는 것으로 인하여 자기의 공이 이동하여 다른 곳에 닿아도 터치는 되지 않는다. 또 자신이 터치나 스파크 타격을 한 타인의 공이 다른 공에 닿아도 터치는 아니다.

스타트 라인에서 친 공이 제1게이트를 통과하지 않고 타인의 공에 닿은 때는 터치가 되지 않는다. 이 경우 접촉한 것으로 인해 이동한 타인의 공은 본래 위치로 되돌린다.

터치를 한 때 자기의 공과 접촉한 타인의 공이 움직이고 있는 사이에 닿으면 부정 접촉이 되므로 주의하여야 하며 완전히 정지하고 나서 닿아야 한다. 터치 후의 공이 코트 밖으로 나온 때는 정지 전에 닿아도 괜찮다.

1. 터치를 이용하여 플레이 한다.

터치를 한 후 자기의 공과 닿은 타인의 공이 아웃되지 않으면(코트 내에 머물러 있으면)계속해서 그 사람의 공을 스파크 타격할 수 있다.

타인의 공을 두 개 이상 동시에 혹은 연속하여 터치하고 아웃되지 않는 한 터치한 어떤 공도 스파크 타격을 할 수 있다.

두 개 이상의 공을 동시에 터치한 때는 어느 쪽에서 스파크 타격을 행해도 괜찮다. 두 개 이상의 공을 차례차례로 터치한 때도 같다. 그러나 먼저 닿은 공이 스파크 타격을 한다고 말하는 룰로 행하는 경우도 있다. 그 경우에는 뒤로 닿은 공으로 행하면 반칙이 된다.

터치한 타인의 공이 터치에 의해 이동하여 게이트를 빠져나간 때는 빗나가도 게이트 순서대로 하고 바른 방향이면 통과가 인정된다. 또 터치에 의해 타인의 공을 코트 밖으로 내보내면 아웃이라 할 수 있다.

부정타격의 여러가지

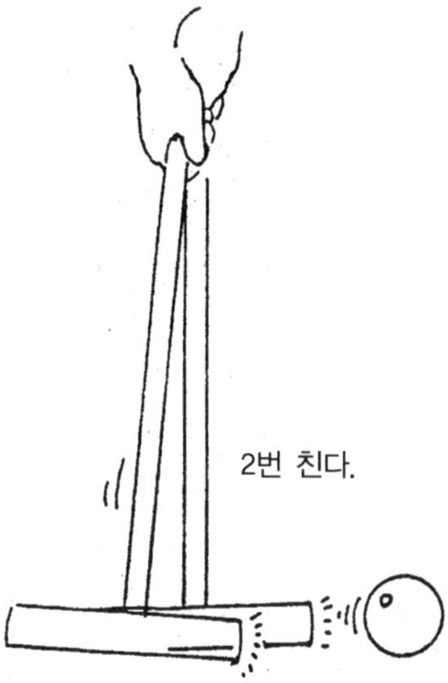

2번 친다.

스틱의 헤드 이외 부분으로 친다.

밀어서 진행시킨다.

아직 움직이는 공을 친다.

이와 같이 터치는 즉시 다음 스파크 타격으로 연결되거나 또 터치에 의하여 타인의 공을 이동시킬 수 있기 때문에 이 룰을 살리는 것으로 인해 자기편은 유리하게, 상대측은 불리하게 하는데 큰 역할을 하기 때문이다.

8 터치의 연습

공의 직경은 7.5m, 게이트의 폭(22cm)의 약 3분의 1이다. 그렇기 때문에 터치를 확실하게 행하는 것은 게이트의 통과보다도 더욱 어려운 것이다. 먼저 방향을 정확하게 정한다. 또한 터치한 자신의 공과 타인의 공이 터치 후 어느 방향으로 어느 정도의 거리로 이동할까도 문제가 된다. 자신이 있게 이동시킬 수 있게 연습하는 것이 필요하다.

닿은 후의 방향과 거리는 닿은 때의 힘이 더해진 쪽과 닿는 방법에 의하여 결정된다. 이것은 연습과 경험을 쌓지 않으면 습득할 수 없다.

연습은 타인 공을 놓고 그것을 겨냥하고 치며 어느 정도의 강도, 방향, 이동을 반복하여 연습한다. 연습의 마무리는 타인 공을 아웃시키기도 하고 게이트 통과나 종료할 수 있는 실전의 연습이다. 그리고 게이트나 골폴, 라인을 설치하고 연습한다.

9 스파크 타격의 경기

1. 스파크 타격

터치를 한 후 인사이드라인 안의 모든 공이 정지한 후 터치된 타인 공을 자기 공이 정지한 위치에 접촉시켜 놓고 한쪽 발로 누른 자기의 공을 스틱으로 쳐서 타인 공을 그 충격에 의하여 이동시키는 것이 스파크 타격이다. 자기의 공과 타인 공을 동시에 밟아도 괜찮다.

스파크 타격을 하려고 할 때 감정이 있거나 없거나 스틱이 자기의 공이나 공을 누르고 있는 자기의 발에 닿으면 타격을 한 것으로 한다.

다음의 경우는 스파크 타격의 실수로 연속해서 다음 경기를 할 수 없어진다. 어느 것이나 스파크 타격 실수의 반칙이다.

(1) 누르고 있는 발이 자기의 공에서 떨어진 때.
(2) 타격에 의하여 타구가 10cm 이상 이동하지 않은 때.(종료의 때를 제외한 때)
(3) 자기의 공을 누른 발이나 지면을 쳐서 타구가 움직였을 때(자기의 공에서 멀어졌을 때)
(4) 스파크 타격을 할 때 자기의 공을 밟았다가 떼어 놓을 때에 이동한다.

2. 스파크 타격의 규칙

스파크 타격을 바르게 하면 계속해서 한 번의 타격을 더 할 수 있는 권리가 주어진다. 동시 또는 연속하여 터치하고 2개 이상의 타인의 공을 스파크 타격 할 때는 그 공의 수만큼 자신의 공을 칠 수 있는 것이다. 주어진 추가된 타격을 하는 것은 스파크 타격을 한 타구가 완전히 정지하든가 아웃이 되어 있을 때이다. 타구가 또 이동을 하고 있을 때 타격을 하면 타구의 이동 중 타격의 반칙이 되어 그 이후의 경기는 할 수 없다. 자기의 공을 본래의 위치로 되돌려야 한다. 친 공이 게이트를 통과해 타구에 터치한 때 또는 타인 공에 터치 후 게이를 통과한 때는 스파크 타격을 한 후로 게이트를 통과에 의한 1타와 스파크 타격에 의한 추가 타격을 연속해서 행할 수 있다. 그때 타구가 아웃되었으면 스파크 타격은 할 수 없지만 게이트 통과 추가 타격의 권리는 있다. 스파크 타격의 권리는 포기할 수도 있다. 자기 팀을 불리하게 하든가 상대팀이 유리하게 되는 경우에는 포기하는 것도 하나의 작전이다. 포기할 때는 심판에게 통고하도록 하고 다음 자신의 1타를 친다.

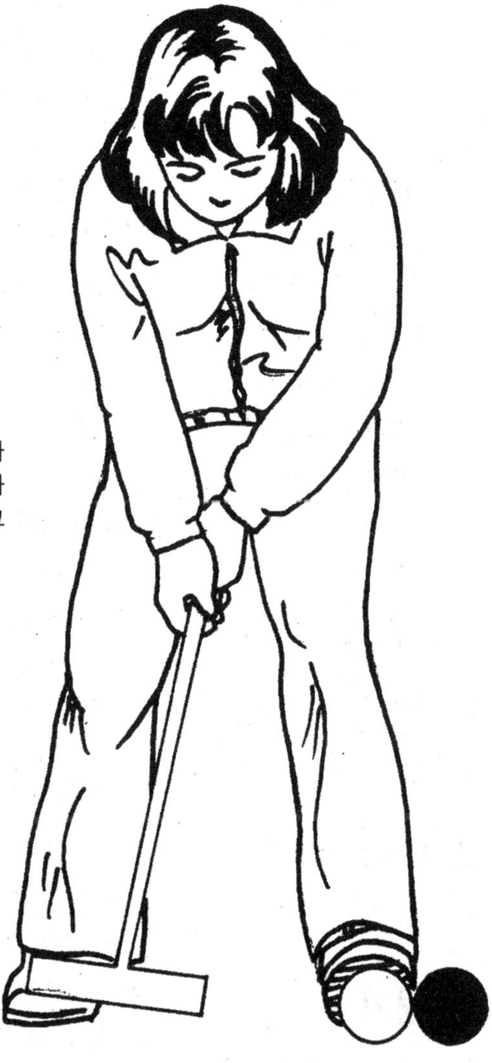

스파크 타격은 다른 사람의 공을 자신의 원하는 방향으로 이동시키고 매우 유효한 플레이이다.

스틱으로 자기 공을 치고, 그 충격으로 타인의 공이 이동한다.

자기공을 정확하게 한발로 누르고, 스파크 타격하는 타인의 공을 자기공에 접촉시켜 놓는다.

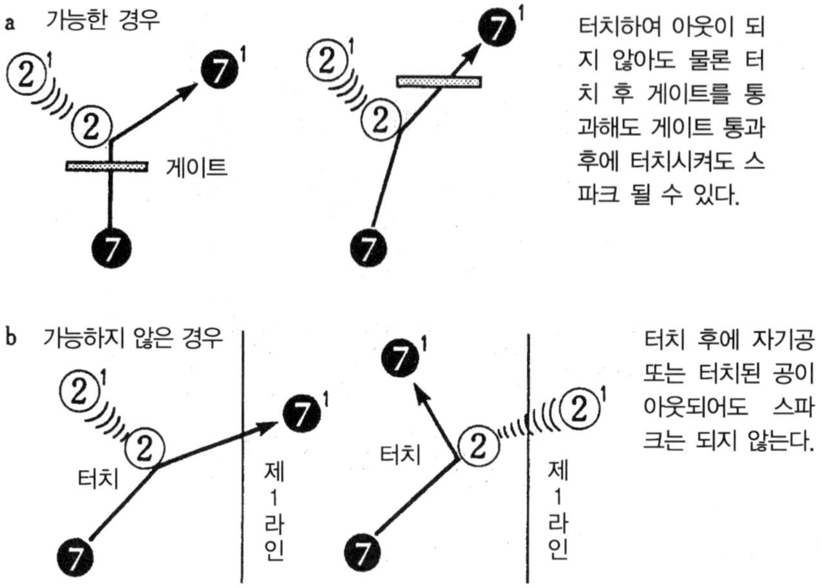

스파크 타격이 될 수 있는 경우, 될 수 없는 경우

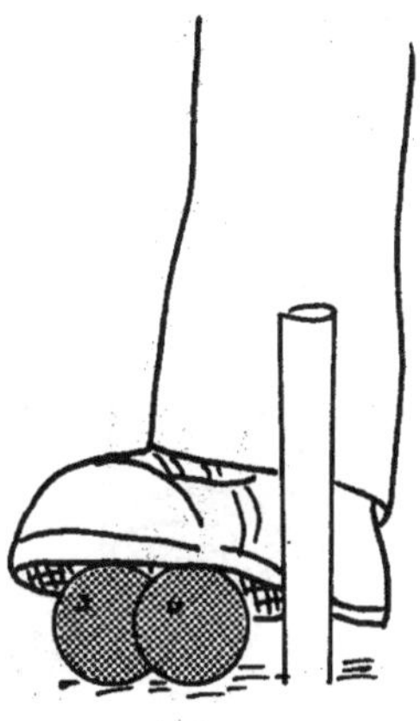

경기종료를 목표로 할 때는 타구가 골폴로 접촉되지 않게 둔다.

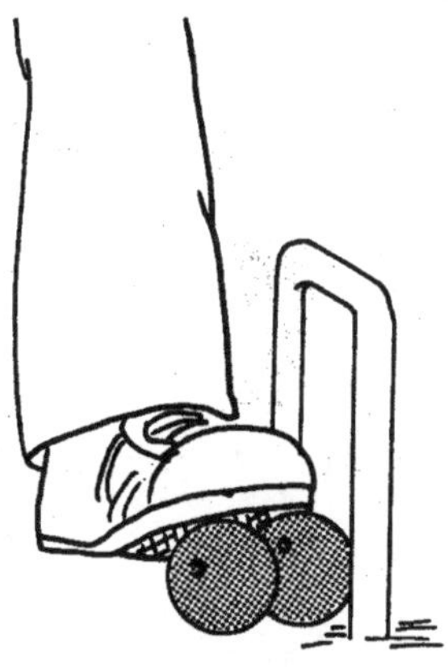

자기편 공을 게이트 통과시킬 때는 그 공이 게이트 선에 걸리지 않도록 놓는다.

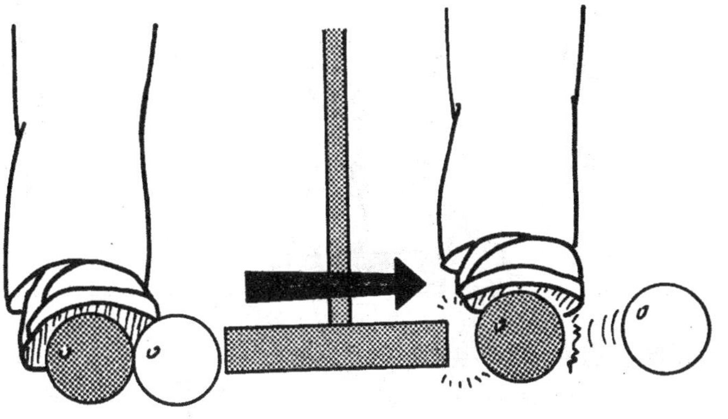

자기공을 확실히 밟아 움직이지 않게 하고, 타격의 충격으로 타인의 공이 이동하게 한다.

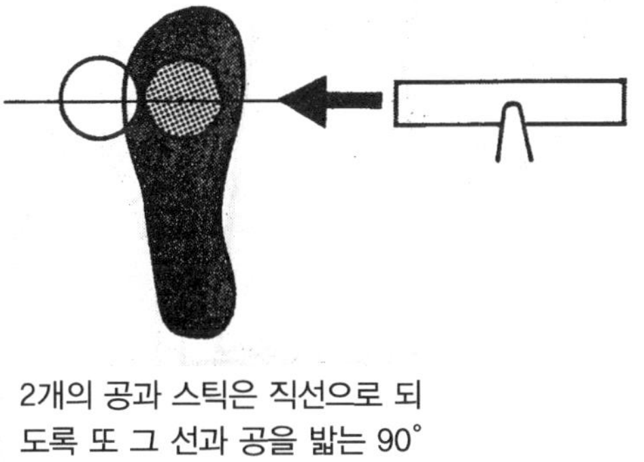

2개의 공과 스틱은 직선으로 되도록 또 그 선과 공을 밟는 90°로 되는 것이 좋다.

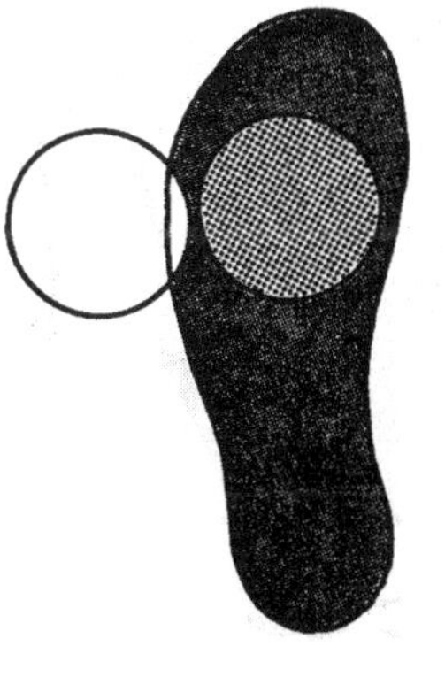

자신의 공과 상대의 공을 정확하게 접촉시켜 놓는 것이 필요하다.

포기에 의하여 추가 일타가 인정되기 때문이다. 만약 심판에게 통고하지 않고 치면 무단포기 반칙이 된다. 스파크 타격에 의하여 다른 공을 게이트에 통과시키려고 할 때는 타인 공을 게이트의 선에 놓지 않으면 안 된다. 또 타인 공을 종료하려고 하는 때는 골폴에 타구가 닿지 않게 한다.

경기 규칙에서는 타인 공을 스파크 타격으로 아웃 볼로 하려고 하는 때에는 그 방향을 지시하는 일이 된다.

3. 동위 공 스파크 타격의 룰

스파크 타격에 제약을 주는 룰이다. 경기대회에 따라서 그 룰을 채용하는 경우가 있다. 보통 1게이트를 통과한 공은 어느 공이라도 터치하려면 아웃이 되면 계속하여 스파크 타격을 할 수 있다. 그러나 그 규칙에서는 자신의 공과 같이 게이트를 통과하고 있는 공조차도 터치후의 스파크 타격이 인정된다.

즉, 자신의 공이 제2게이트를 통과하고 있는 경우는 같은 제2게이트의 통과가 종료되고 있는 타인의 공에 터치할 때만 스파크 타격을 계속해서 하게 된다.

자신의 공과 같은 게이트를 통과하고 있는 타인의 공을 동위구라 부르고 그 이외의 타인의 공에는 터치를 하더라도 스파크 타격은 하지 못한다.

자신의 공이 제2게이트를 통과하고 있는 경우에는 제1게이트를 통과하는 즉, 타인의 공 및 제3게이트를 통과하고 있는 타인의 공에는 터치할 수 있지만 그것을 계속 스파크 타격은 할 수 없다. 물론, 동위 구 이외의 공에 터치를 하는 일에 의해 그 공을 게이트 통과나 종료, 아웃 하는 일은 인정한다. 또 터치 후 자신의 공이 종료나 게이트 통과가 되는 일도 인정하지만 게이트의 통과에 의해서 다시 한 번 칠 수 있다.

또 동위 구 이외의 공으로의 터치는 스파크 타격과 그 후의 1회의 타격 권리는 인정하지 않는 룰이다.

10 스파크 타격의 연습

스파크 타격은 자기 팀의 공을 게이트로 통과 시키거나 유리한 위치로 앞으로 나아가게 하고 혹은 상대팀의 공을 아웃으로 하고 불리한 위치로 보내는 일 등을 할 수 있어서 가장 유효한 플레이가 된다.

게임 중에 스파크 타격을 넓게 활용하기 위하여 확실하게 할 수 있게 연습을 해야 한다. 먼저, 스파크 타격의 기본적인 방법을 확실하게 연습한다. 그 다음에 순서를 확실히 익히는 것이다.

(1) 자기의 공을 정지한 상태로 하고 거기에 터치한 타인 공을 가져온다. 그 때 타구가 완전히 정지되지 않으면 안 된다.

(2) 자기의 공을 한쪽 발로 단단히 밟고 치려고 하는 방향으로 타인 공을 접촉시킨다. 2개의 볼이 접촉해 있지 않다고 생각하면 치지 않는다. 타인 공을 한 번 놓고 나서 변화시키면 반칙이다.

(3) 자기의 공을 밟을 때 발을 떼어 놓을 때 공이 이동하지 않는 한 밟은 공이 방향 전환 등을 하더라도 괜찮지만 방향 지시 후 방향 변환이나 10초 이내에 타격을 하지 않으면 반칙이다. 민첩하게 또한 정확하게 치는 것도 연습의 하나이다.

(4) 확실히 자신의 공을 밟아 스틱으로 그것을 친다. 타격의 쇼크로 타인 공을 확실하게 겨냥한 방향과 거리로이동할 수 있게 연습을 반복한다. 이상의 연습 중에서 특히 포인트가 되는 것은 먼저 발로 자기의 공을 확실히 움직이지 않게 밟는 것이다.

타구까지 밟은 것 같은 방법으로 하면 실패하기 쉽다. 다음에는 정확한 방향으로 타인 공을 이동시키는 일을 할 수 있는 연습을 하는 것이다. 거기에는 타격 방향으로 타인 공을 놓는 것과 타격 전에 목표를 확인하고 쳐야 한다.

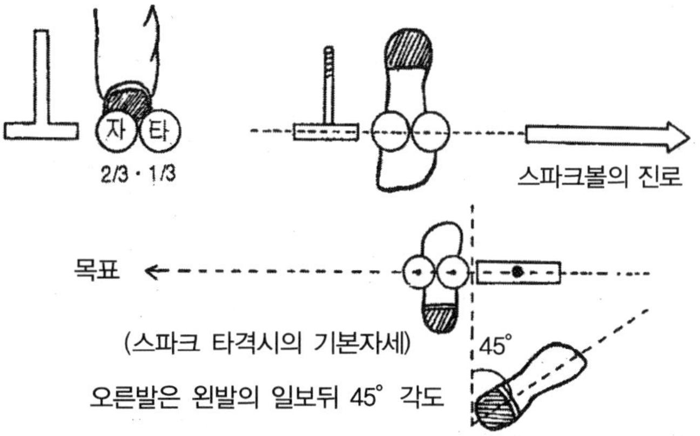

(스파크 타격시의 기본자세)

오른발은 왼발의 일보뒤 45° 각도

더욱 타격의 정확한 강도를 몸에 익히는 연습을 한다. 발이나 지면을 쳐서 반칙이 되는 경우가 있다. 또 타격을 해도 타구가 10cm 이상 이동하면 스파크 타격의 실패가 된다. 게이트나 골폴로 접근한 스파크 타격은 타구가 자기 팀이든 상대팀이든 거기에 따라서 하는 방법이 특히 틀린다. 이상과 같은 실천적인 연습을 여러 가지인 장면을 상상하며 게임한다.

스파크 타격 실수의 반칙

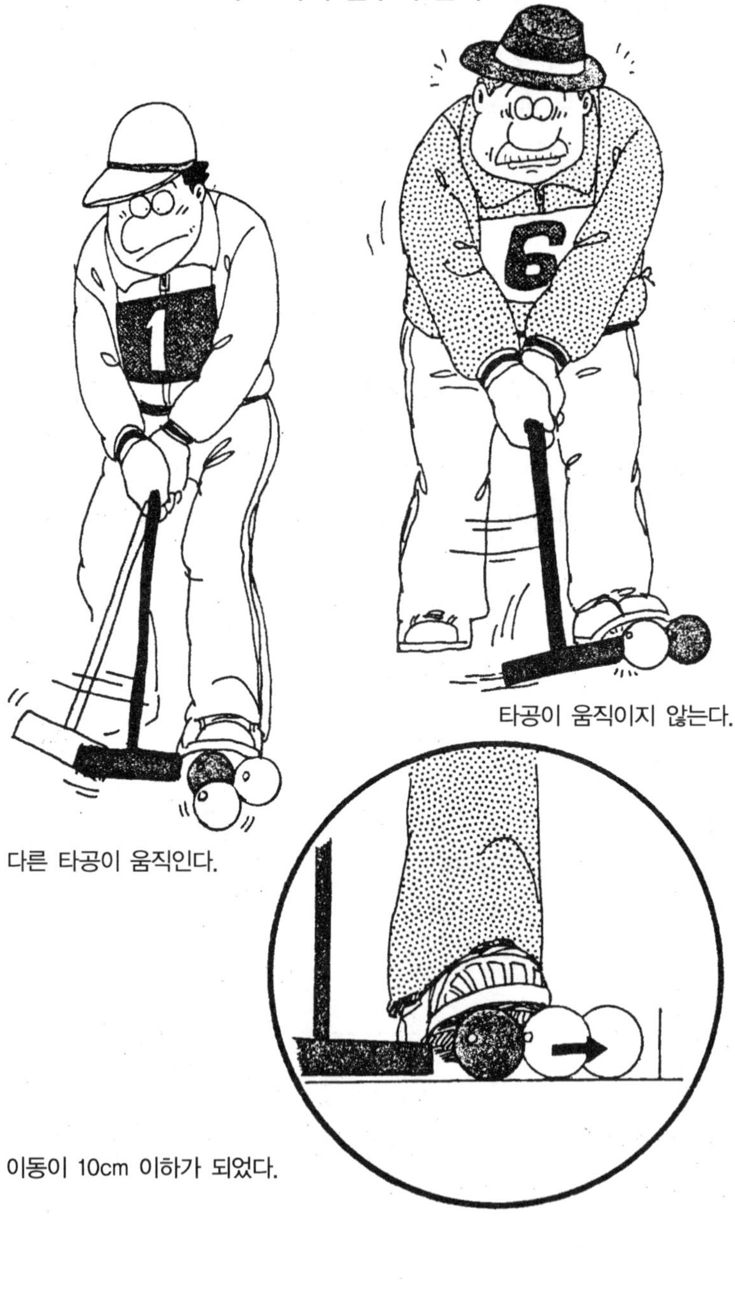

11 완료 플레이

1. 완료

완료라는 것은 제1, 제2, 제3게이트를 순서대로 통과한 후에 공이 골폴에 닿으면 완료가 된다. 자기 타격에 의하여 닿거나 타인의 터치나 스파크 타격에 의하여 닿아도 괜찮다.

게이트볼 경기의 최종 목표는 자신의 공을 완료하게 하는 것이다. 그리고 게임 시간 내에 자기 팀의 모든 공이 빨리 완료된 팀이 이기게 된다.

완료는 모든 경기의 우선이다. 완료가 되면 계속하여 경기는 할 수 없다. 타인 공에 터치한 자기 공이 골폴에 닿으면 완료가 되므로 터치 후 타인 공에는 스파크 타격은 할 수 없다.

또한 터치를 한 타구가 그것에 의해서 완료가 되고, 그 공에는 스파크 타격을 할 수 없고 자기공이 골폴에 닿고 나서 또한 타인 공에 닿아도 터치는 아니다. 물론 스파크 타격은 할 수 없다. 닿은 타구는 본래의 위치로 되돌아간다. 이와 같이 완료의 규칙은 이후의 어떠한 경기도 금지이다.

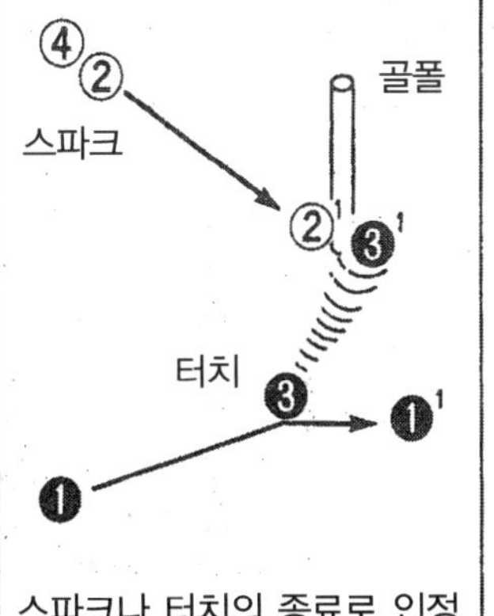

스파크나 터치의 종료로 인정된다. 자기편의 공이나 적의 공이나 관계없이 인정한다.

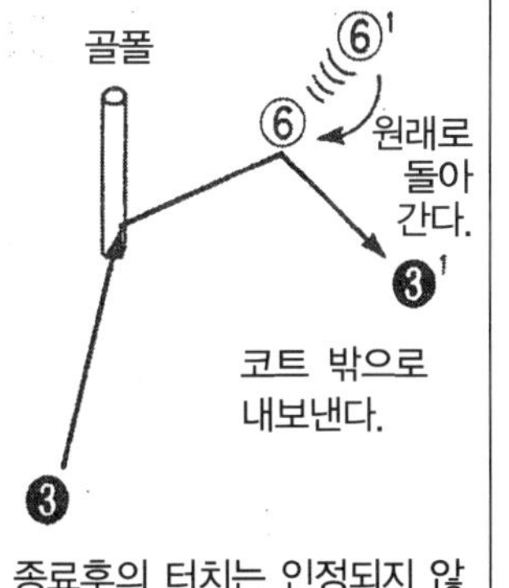

종료후의 터치는 인정되지 않는다. ⑥은 원래의 위치로 보내고, ③은 코트외로 나가는 플레이 종료.

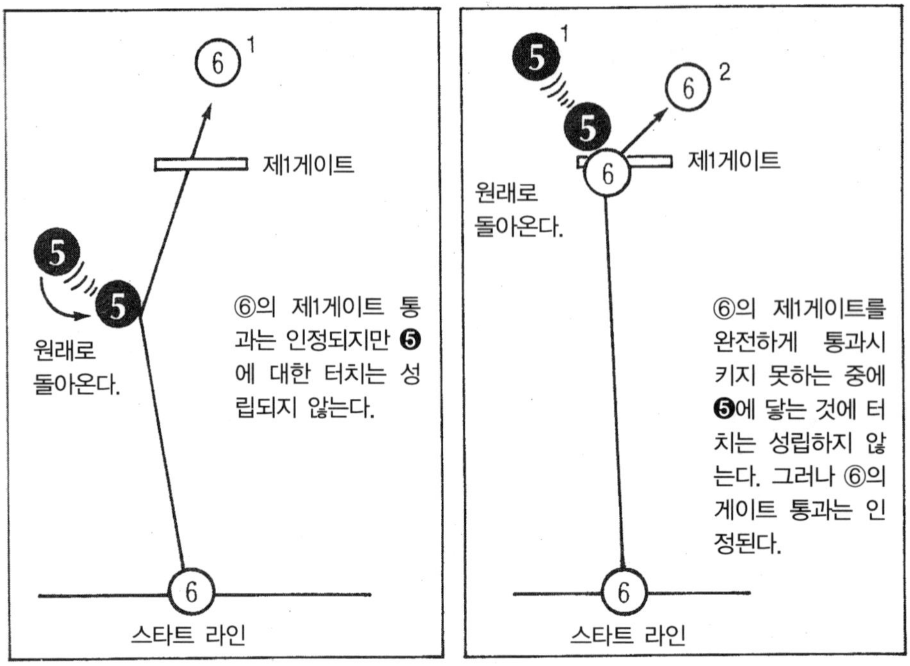

제1게이트 통과한 공의 터치는 성립되지 않는다.

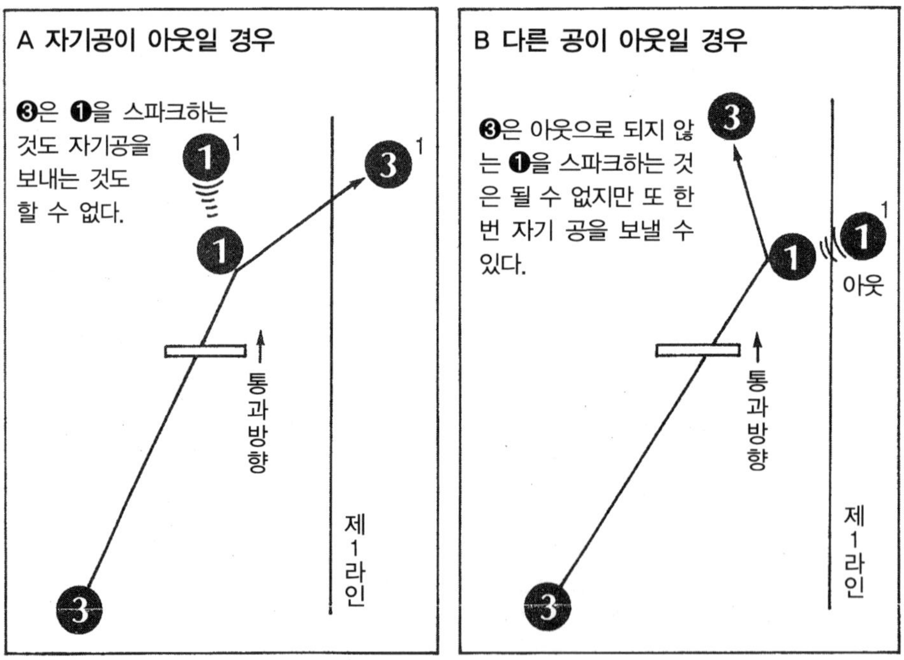

터치후 아웃이 된 경우의 처리

제 7 장

타격 연습

1 스틱을 쥐는 법

스틱을 잡을 때는 샤프트의 끝에서 한 줌 또는 두 줌 정도의 사이를 두고 쥐는 것이 좋으며, 이것은 팔의 길이나 완력에 개인차가 있으므로 자기에게 적합한 위치를 찾아서 잡으면 된다. 양손 엄지손가락의 방향을 맞춘다. 스틱을 잡을 때는 어떠한 방식으로 잡아도 상관 없으며 골프의 퍼터와 같이 잡는 법이 참고가 된다.

스틱을 양손으로 잡았을 때 양손 엄지손가락 끝이 같은 방향으로 향하고 샤프트의 부분에 얹혀 있는 느낌이 되도록 한다. 검도에서 죽도를 쥐듯이 양손의 손목 위치가 너무 벌어져 있으면 스윙 때의 볼 컨트롤이 어렵게 되고 공을 칠 때 힘이 더 들게 된다. 따라서 이상적으로 잡는 방법은 먼저 스틱을 왼손으로 잡게 된다(그림1참조)

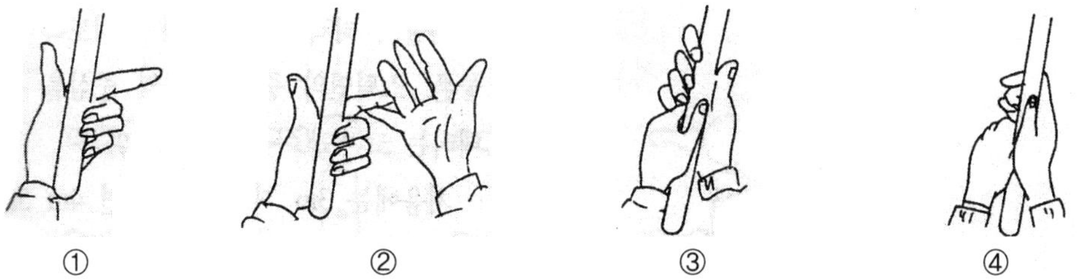

① ② ③ ④

인터록킹 방법

다음에는 펴고 있는 왼손 엄지손가락과 중지 손가락 사이에 오른손 새끼손가락을 집어넣는다(그림 2 참조). 그리고 샤프트 위에 똑바로 편 왼손 엄지손가락을 오른손의 손바닥으로 감싸듯이 쥔다(그림 3 참조). 마지막으로 물수건을 짜듯이 양 손목을 안쪽으로 가볍게 모은다(그림 4 참조). 그러나 이때 너무 힘을 넣으면 스윙에 장애가 되므로 주의해야 한다.

스틱을 잡는 법은 3가지 종류가 있다.

(1) 인터록킹

오른손의 새끼손가락과 왼손의 검지를 꼬아서 잡는 방법으로 가장 많이 사용하고 있다.

(2) 베이스볼 그립

야구경기에서 선수들이 공을 칠 때 야구 방망이를 쥐는 것과 같은 방법이다.

(3) 오버랩핑 그립

골프 클럽을 잡는 요령으로써 오른손의 새끼손가락을 왼손의 검지 위에 걸치는 방법이다.

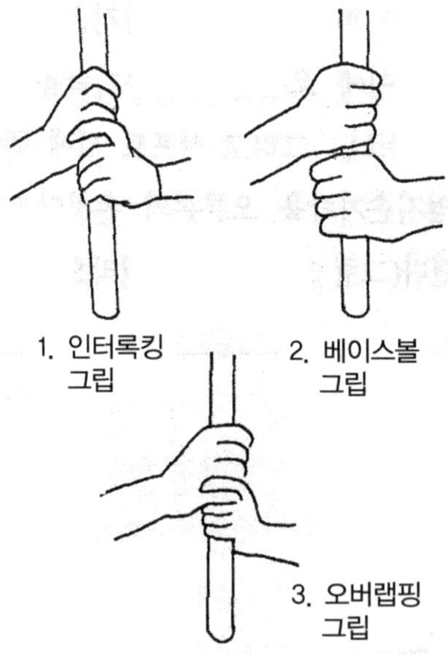

인터로킹, 베이스볼, 오버랩핑 그립

손의 크기나 손가락의 길이는 사람에 따라서 차이가 있으므로 어떤 방법이 좋다고는 말하기 어렵지만 첫 번째의 인터로킹 그립이 게이트볼에서는 이상적이며 손가락이 짧은 사람에게 적합하다.

2 기본적인 연습요령

게이트볼 경기를 할 때는 제일 먼저 용구를 사용할 줄 알아야 한다. 따라서 초보자 과정에서는 전원이 스틱 1개와 공 1개를 갖도록 한다. 인원은 보통 10명 정도로 하고 홍 팀과 백팀으로 나눈다.

양 팀이 마주 보는 거리는 3m정도가 좋으며 각 팀은 양팔 간격으로 옆으로 나란히 정열 한다. 홍 팀부터 공 2개씩을 갖고 마주보는 상대팀 헤드를 겨냥하여 타격한다. 물론 백팀은 헤드를 옆으로 하여 자기 발 앞에 세운다. 이유는 헤드의 길이가 24cm, 게이트의 내경이 22cm이므로 상대편 헤드에 맞으면 일단 게이트를 통과한 것으로 간주하고 연습을 한다. 홍 팀의 각자가 2개의 공을 타격하면 이번에는 백팀이 각 공 2개씩을 홍 팀의 옆으로 된 헤드를 겨냥하여 타격한다. 이와 같은 연습으로 우선 타격요령과 게이트 통과 요령을 습득한다.

아울러 타격이 헤드업이 되지 않도록 코치하며 스틱면의 중심이 공의 중심을 직각으로 때리는 코치도 아울러 실시한다.

처음에는 3m 거리, 숙달되면 4m, 5m 등으로 거리를 멀리해서 타격하도록 한다. 시간은 10분 정도가 가장 이상적이다. 한 가지 동작을 장시간 계속하면 흥미를 잃게 되는 원인이 되고 재미가 없다는 소리를 하게 된다.

이번에는 백팀이 각자의 공을 헤드 앞에 놓아둔다. 그러면 홍 팀은 각자 자기 공을 타격해서 백팀 공을 맞추도록 한다. 5회 정도 계속 후 역할을 바꿔서 훈련을 실시한다.

이것도 10분 정도가 이상적이다. 다음은 스파크 타격 후 자기 공을 타격하는 연습을 시킨다, 요령은 마찬가지로 홍 팀이 홍·백 2개의 공을 가지고 먼저 백팀 쪽으로 백공을 스파크 타격으로 백팀 경기자의 헤드에 맞도록 타격 후, 다음은 자기 공은 타격해서 상대편 경기자의 헤드를 맞추도록 한다. 이 과정도 약 10분 정도의 훈련이 가장 적당한 시간이다. 이러한 연습훈련을 통해서 올 바른 자세, 스틱 잡는 법, 터치요령 및 스파크 타격 등을 지도하게 되면 이해가 빨리되고 머릿속에 확실히 남게 된다.

3 공을 칠 때의 타격자세 및 요령

공을 타격할 때는 공의 타격방향을 향해 몸 앞에서 몸과 평행하게 스틱을 흔들어야 한다. 스틱은 어떤 방법으로 잡아도 상관없지만 샤프트의 중앙 윗부분을 잡고 타격하는 것이 좋다. 그리고 공은 반드시 스틱의 페이스 양쪽 면으로 타격해야 하며 헤드 부분으로 치면 반칙을 당하게 된다. 공을 칠 때 스윙의 강약 또는 타격할 의사 유무에도 불구하고 스틱 헤드의 페이스(면)가 공에 닿으면 타격한 것으로 간주한다. 헛치기는 몇 번해도 좋지만 타격시간 10초 제한이 있으므로 헛치기는 자주 않는 것이 좋다.

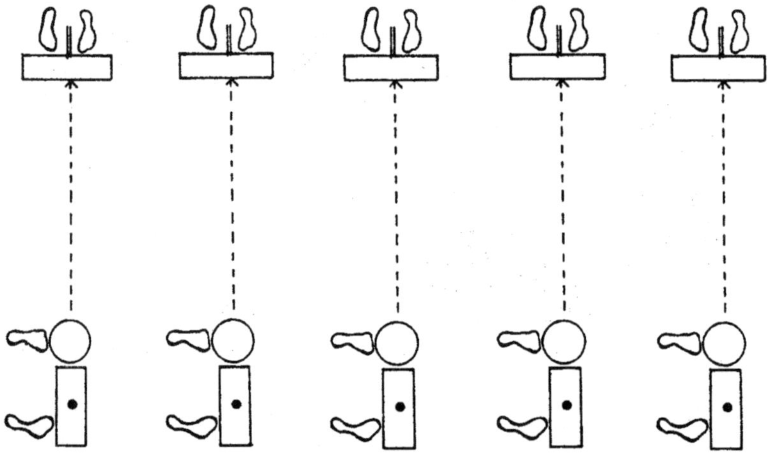

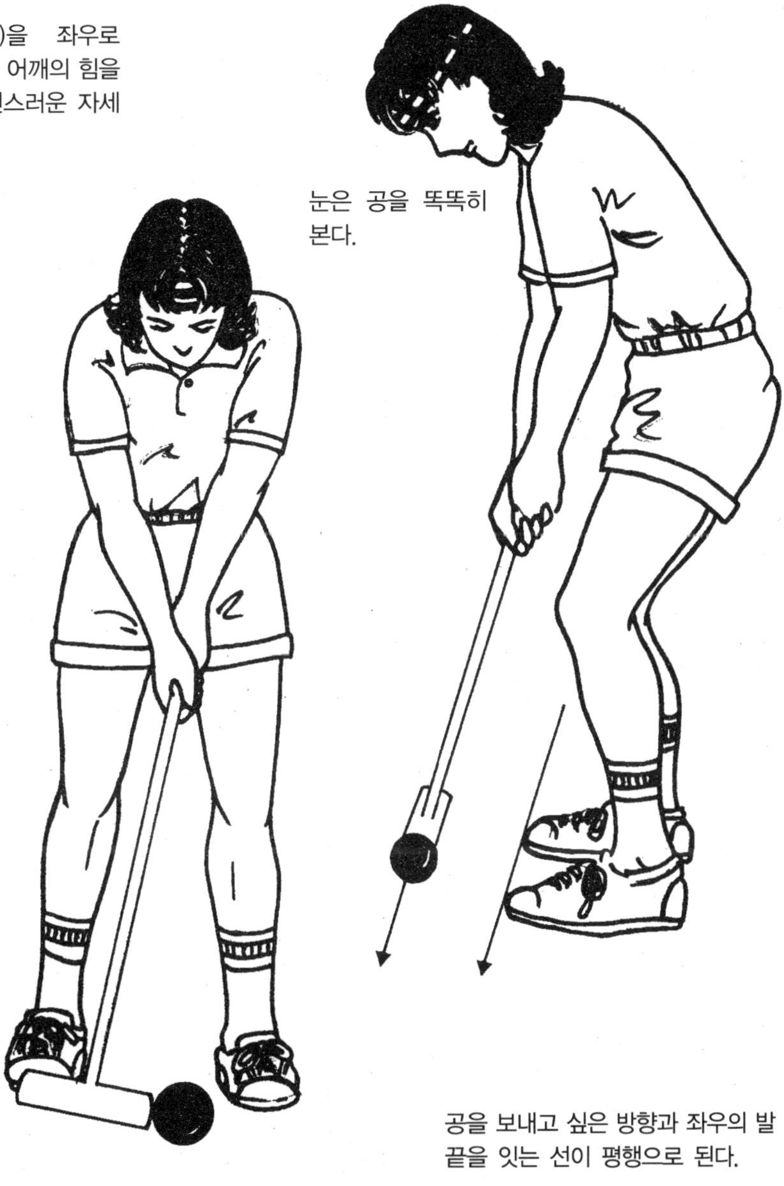
중심(重心)을 좌우로 비스듬히, 어깨의 힘을 빼고 자연스러운 자세로 선다.
눈은 공을 똑똑히 본다.
공을 보내고 싶은 방향과 좌우의 발끝을 잇는 선이 평행으로 된다.

제 8 장

게이트볼의 반칙

1 타격에서의 반칙

지금까지 알려진 반칙 이외에도 게임의 기본에 관한 것이 있다. 여기에서는 반칙 설명과 그 조치에 관한 룰이다.

타격에서의 반칙은 실수가 많다. 타순이 되었을 때 이러한 실수를 하지 않게 바른 타격을 몸에 익힌다.

부정타격

다음의 치는 방법을 하면 부정 타격으로 되고 친 자기 공을 본래의 위치로 되돌린다. 만약 타인 공에 터치를 하면 타인의 공도 본래 자리로 되돌려야 한다.

- 스틱의 헤드 이외로 공을 친 때.
- 두 번 치기를 했을 때.
- 밀어 치기를 했을 때.
- 계속해서 자기 공을 타격할 권리가 있을 때, 또 움직이고 있는 공을 쳤을 때.
- 심판이 타격이 신호를 하기 전에 친 때.

오버타임

다음의 경우는 오버 타임의 반칙으로 타격을 할 권리가 없어진다.

- 심판에게 타격의 통고를 받은 후 10초 이내에 치지 않았을 때.
- 계속해서 경기(타격)를 할 때 자기공이나 타구가 정지하고 10초 이내에 치지 않았을 때.

• 스파크 타격 때 10초 이내에 치지 않았을 때.

부정 스타트

스타트 때의 타격에도 앞의 타격에 관한 반칙이 적용되지만 더욱 부정 스타트도 있다. 스타트는 스타트 라인 위에 자기의 공은 놓고 치지 않으면 안 된다. 라인 위에 놓고 치지 않으면 그 타격은 무효가 되어 칠 권리가 없어지며 제1게이트를 통과해도 그대로 제1라인을 넘었을 때 인정되지 않는다. 다음 타순에서 스타트를 고쳐서 다시 한다.

2 타순 실수는 팀의 손해

게이트볼은 정해진 타순을 따라서 치는 것이 게임의 기본이다. 심판 통고에 의하여 자기 타순인 때는 경기를 하는 것이 당연하지만 만약 잘못되어서 실수하면 팀 전체에 영향을 미치므로 절대로 허락할 수 없는 반칙이다.

부정타순

타순을 잘못해서 자기 공을 치는 것은 부정타순의 반칙이다. 부정타순이 심판에 의하여 발견된 때는 타격을 할 권리를 잃는다. 지금까지의 경기는 유효하지만 자기 공을 가장 가까운 제1라인 밖에 둔다(아웃이 된다). 또한 다음 타순 때 타격을 할 권리도 없어진다. 더욱이 반칙을 한 사람과 같은 팀의 정당한 타순의 타자도 타격을 할 권리를 잃는다. 또한 자기의 공을 제1라인의 밖에 내보낼 때 코너에서 멀지 않은 제1라인이 2개 있는 경우는 다음 통과 게이트에서 먼 쪽 라인의 밖 제3게이트를 통과한 후에는 골폴에서 먼 쪽의 라인밖에 공을 둔다.

대기위반

타순의 경기자 이외의 멤버는 자기 공에 가장 가까운 제2라인의 밖에서 대기하는 것으로 정해져 있지만 그 위치에 대기하고 있지 않으면 대기위반이 되어 「경고」가 주어지고 2회 이상이 되면 반칙으로 그 팀의 타순 경기자의 타격권이 없어진다.

코트 내에 들어오기

게임 중에는 제2라인 안에는 타순이 된 경기자가 심판 통고를 받은 후에 들어올 수 있다. 그 이외의 사람이 실수로 들어오면 입장위반 반칙이 되어 만약 타격을 하면 부정타격의 조치가 적용된다. 타격을 하기 전에 발견된 때는 심판이 바른 타순으로 되돌려 게임을 재개하고 다음 조치가 취해진다. 또 타격을 위해서 들어온 것은 아니지만 통고를 받은 다른 타순의 사람 이외의 사람이 어떠한 목적으로 들어온 때는 반칙으로서 같은 조치를 적용한다.

- 바른 타순의 사람과 같은 팀의 사람이 들어온 경우, 바른 타순의 사람이 치기 전에 들어온 사람의 타격권리가 없어진다. 또 타격 후 같은 팀의 다음 타순의 사람의 타격권리가 없어진다. A팀의 3번이 타격을 한 직후에 A팀의 사람이 들어오면 A팀 5번 사람이 타격 권을 잃는다.
- 바른 타순인 사람의 상대팀 사람이 들어온 경우는 상대팀 다음 타순의 사람이 타격권이 없어진다. 예를 들면 B팀 4번 사람이 타순에서 경기 중에 A팀의 사람이 들어오면 A팀 5번 사람이 타격기회를 잃는다.

  또한 바른 타순의 사람이라도 심판에서 통고를 받기 전에 제2라인에 들어가면 그 사람은 타격 권을 잃게 된다. 이와 같이 타순의 실수나 타순의 통고를 받지 않은 사람이 제2라인의 안쪽에 들어오고 팀 전체에 영향을 미치므로 틀리지 않게 모두가 마음을 합쳐야겠다.

3 촉구 위반과 부정촉구

게임 중 코트 안에 있는 공에 닿을 수 있는 것은 타격을 할 때의 자기공과 스파크 타격을 할 수 있을 때 타인의 공뿐이다. 그 이외의 경우에는 어떤 공에도 손을 물론 신체의 부분이나 의복이 스틱에 닿으면 반칙이 된다.

- 자기 공을 손에 닿게 하려면 다음의 3가지 경우에 제한된다. 제1게이트를 통과하지 않은 때에는 심판 지시로 잡아서 제거하는 경우, 종료된 때에 잡아서 제거하는 경우, 제1라인에서 10cm 떼어 놓는 경우, 또한 종료 때, 심판 선고 전에 그 공에 닿아도 위반이 된다.
- 타인의 공에 손이 닿을 수 있는 것은 스파크 타격을 할 수 있는 공을 자기의 공에 접촉시켜 두는 경우와 스파크 타격이나 터치에서 타인의 공을 종료 시

키는 경우이다(즉, 선고 후).

촉구위반

그 외 신체, 의복, 스틱으로 코트 내에 있는 모든 공에 닿으면 반칙이 되어 그 경기자는 타격 권을 잃는다. 감독이 촉구한 때는 그 팀 타순 경기자는 타격권이 없어진다. 멈춰있는 공에 닿은 때는 본래의 위치로 움직이고 있는 공에 닿은 때는 타격 때의 자타구의 위치에 되돌린다.

부정촉구

타인 공에 터치한 때 자기공과 터치한 타구가 함께 움직이고 있을 때, 코트 안에서 어느 쪽 공이든 닿으면 부정접촉의 반칙이다. 이 경우도 자기공은 친 위치에서 가장 가까운 제1라인의 밖에 놓고 아웃이 된다. 타구는 터치한 때의 위치로 되돌린다.

4 아웃 볼로 쳐서 넣기

아웃된 자기 공을 코트 안으로 쳐서 넣을 때, 룰로 정해진 방법으로 치지 않으면 다시 아웃 볼이 되어 경기를 속행 할 수 없게 된다.

타구와 접촉

아웃 볼을 쳐서 타인의 공에 닿거나 타인 공을 이동시키면 반칙이다. 자기공은 본래의 아웃위치로 되돌리는 동시에 타인 공을 이동시켜 본래의 위치로 되돌린다.

정해진 위치 이외에서의 쳐서 넣기

아웃 볼은 제1라인의 바깥쪽 10cm 정해진 위치에서 쳐서 넣지만 이외에서 쳐서 넣으면 반칙이 되어 아웃으로 본래의 위치로 되돌린다.

재차 제1라인 넘기

아웃 볼이 제1라인을 넘으면 다시 아웃으로 본래의 위치로 되돌린다.

5 터치에 의한 반칙

두 번 치기

연속해서 경기를 하고 있을 때(같은 타순중의 연속 경기 때), 이미 터치를 한 타인의 공에 또 2번의 터치를 하면 두 번 터치 반칙이다. 이 터치는 무효가 되어 다음 경기를 할 수 없다. 또한 자기공은 아웃이 되어 터치 지점에서 가장 가까운 제1라인밖에 둔다. 터치한 타구는 본래의 위치로 되돌린다.

완료 후의 터치

자기공의 골폴에 닿고 나서 타인의 공에 닿은 때는 이미 완료된 것이므로 터치는 되지 않는다. 이 경우는 반칙은 아니지만 스파크 타격은 할 수 없는 것은 물론 맞아서 이동한 타인의 공은 보낼 자리로 되돌린다.

6 스파크 타격에서의 반칙

터치를 계속할 수 있는 스파크 타격은 게이트볼의 가장 화려한 경기지만 규칙이 많아서 반칙을 범하는 일이 자주 있다.

스파크 타격 실수

다음의 실수가 스파크 타격 실수의 반칙이다. 자기공이나 타구는 실패한 원래의 위치에서 잇따라 경기할 권리가 없어진다. 또 만일 게이트의 통과나 골폴에 맞으면 통과나 종료가 인정되지 않는다.

- 누르고 있는 공이 자기 발에서 떨어졌을 때 자타구가 함께 원래 위치로 돌아간다.
- 스파크 타격을 하는 타인 공이 10cm 이상 자기공과 떨어지지 않은 때, 다만 종료 때는 제거한다. 자기공은 아웃되나 타구는 그대로 위치에 둔다.
- 누르고 있는 발이나 지면 등을 쳐서 스파크 타격을 하는 타구가 움직였을 때 자기공은 아웃, 타구는 본래 그 위치에 둔다.
- 스파크 타격을 하는 자기 공을 밟고 떼어 놓을 때 자기 공이 이동한 경우 본래 자리로 되돌린다.

- 아웃 볼로 하기 위한 방향 지시를 한 후에 스파크 타격의 방향은 변하기 때문에 자기 공을 밟거나 한 때.
- 타인 공을 일단 전방에 두고 방향을 보아 자기 공에 접촉시켰을 때.

무단포기

스파크 타격의 권리는 작전의 형편상 포기할 수 있고 더 한번 칠 수 있는 권리를 인정하지만 권리를 스스로 포기한 경우는 심판에게 그 취지를 알려야 한다. 포기한 후 취소할 수 없다. 만약 심판에게 통고하지 않고 다음 경기로 옮기면 무단포기 반칙으로 자기 공을 치기 전의 위치로 되돌아가고 친 자기 공에 맞아 이동한 타인의 공도 본래의 위치로 되돌려야 한다. 또한, 스파크 타격의 포기와 자기공의 타격포기는 동시에 할 수 없다.

스파크 타격 후 경기의 반칙

스파크 타격을 한 후 계속해서 자기 공을 경기 할 때, 타인의 공이 아웃되기 전에는 완전히 정지하지 않으면 자기 공을 쳐서는 안 된다. 만약 이것을 위반하면 그 경기는 무효가 되어 자기 공을 본래의 위치로 되돌려야 하며 타구는 그 자리에 위치한다. 스파크 타격에 의하여 이동한 다른 공이나 기타 공에 의하여 이동한 공이 몸에 닿으면 위반으로 되어 계속하는 타격 권은 없어져 타격전의 위치에 자기의 공과 다른 공을 되돌린다.

타구의 게이트 통과나 종료의 반칙

스파크 타격에 의하여 타인의 공을 게이트 통과시키거나 종료할 때 다음의 일이 있으면 반칙이다.

- 게이트 통과를 시킬 때 타인의 공을 게이트 라인에 걸리게 둔다.
- 종료 시킬 때 골폴에 타인의 공을 접촉시켜 둔다. 이 반칙을 하면 스파크 타격과 그 후의 타격 권리가 없어지는 것뿐만 아니라 타구도 스파크 타격 전의 위치로 되돌려야 한다.

7 코트나 게이트의 변경

게임은 경기장을 그 상태에서 행하는 것이 원칙이다. 실수 혹은 고의로 코트나 게이트, 골폴 등의 상태를 변경하면 반칙이 된다.

게이트나 골폴을 쓰러뜨린다.

경기장의 게이트나 골폴을 신체나 스틱에 닿거나 쳐서 쓰러뜨린 때는 반칙이 되어 다음 조치가 이루어진다.

- 친 공이 움직이고 있을 때 – 치기 전의 위치와 가장 가까운 제1라인의 밖에 둔다(아웃으로 된다).
- 경기자가 이동 중에 쓰러뜨렸을 때 – 자기 공을 가장 가까운 제1라인의 밖에 둔다(아웃으로 된다).

부정정비

심판 허가를 받아 코트 속의 상태를 변하게 하면 수정 위반의 반칙이 되어 타격을 할 권리를 잃는다. 상태가 변하는 것은 다음과 같은 행위이다.

- 코트의 표면을 평평하게 한다.
- 코트 상의 돌이나 장애물 등을 제거한다.
- 라인을 변경시킨다.
- 스틱으로 코트를 수정한다.

8 부정 출발 반칙

경기에 출전할 수 있는 것은 규칙에 의하여 출전이 인정된 경기자뿐이다. 팀의 멤버(교체선수 포함)로서 참가신청(등록)을 하지 않은 사람이 경기자나 감독으로 출장을 하면 몰수 시합이 된다. 게임 중의 경기자의 교체에 관한 반칙도 주의해야 한다.

교체 위반

다음의 경우는 교체 위반 반칙이다. 그 사람은 즉시 퇴장이 되거나 그 사람의 공이 득점은 무효가 되고 이후의 동일 게임에 그 공은 사용할 수 없다.

- 심판에게 신고하기 전 혹은 신고하지 않고 경기자를 교체한 때.
- 동일 게임에 한 번 퇴장한 경기자가 재출전 한 때.

9 볼 이동 원칙

게이트볼의 게임은 공이 있던 그대로의 상태에서 경기를 하는 것이 기본 원칙이다. 룰에 정해진 경기나 허락받은 방법 이외에 공을 일시적으로 뒤로 움직이게 할 수 없다.

심판에 의한 공의 일시 이동

다음의 경우에는 심판이 공을 일시적으로 이동시킬 수 있다.

- 두 개 이상의 공에 터치한 때 터치를 한 사람의 공이 터치한 타인의 두 개 이상의 공에 접촉하고 있어 스파크 타격에 지장이 있다고 심판이 인정한 때. 스파크 타격을 하지 않는 쪽의 공을 심판이 일시적으로 이동시킨다.

제1게이트의 통과에 지장이 있다고 심판이 인정한 위치에 있는 공은 심판이 일시적으로 이동시킨다.

- 경기에 지장이 있다고 심판이 판단한 아웃 볼은 심판이 일시적으로 이동시킨다.

이상과 같은 것을 경기자가 무단으로 행하면 반칙이고 그로 인해 타격권리가 없어진다.

고의로 공을 이동시킨다.

룰의 규정이나 심판 지시 이외에 고의로 공을 이동시켰으면 반칙으로 타격을 행하는 권리를 잃는다.

공의 간접이동

스틱이나 경기자의 신체, 의복, 물건이 게이트나 골폴에 닿아 공을 간접적으로 움직이게 하면 간접이동 반칙으로 타격권이 없고 이동한 공은 본래의 위치로 되돌린다. 또한, 타격 때 스틱이 게이트나 폴에 닿는 것은 위반이 아니다.

경기자의 지시의 반칙

코트 내에서 경기자에게 지시는 그 사람 팀의 감독 이외에는 누구도 할 수 없다. 게임이 과열되어 지나치면 바로 「거기에서 터치」든가, 「아웃을 목표하라」 등의 소리를 지르는 일이 많다. 또 상대팀 경기자의 경기 중 실수를 하게끔 유도한 발언과 야유 등의 언동은 매너가 부족한 위반 행위이다.

감독 이외의 지시 위반

감독 이외의 사람이 지시를 한 때는 반칙을 한 사람의 팀에 대해 심판에게서 경고가 주어진다. 만약 같은 반칙을 두 번 하면 그 팀의 다음 타순의 경기자의 타격 권을 잃는다.

감독 지시 위반

감독은 자기 팀의 코트 내의 경기자에게 지시를 하기 위해 제1라인과 제2라인의 사이에 들어올 수 있지만 만약 제1라인 안(코트 내)에 들어오면 반칙이 된다. 이 경우도 경기자에 의한 반칙 때와 같이 그 팀의 다음 타순 사람의 타격 권을 잃는다.

실수로 게이트나 폴에 스틱을 맞추어 공을 움직이면 간접이동의 반칙

10 연속 경기를 목표로

자신의 타순에서는 가능한 연속하여 타격을 할 수 있는 경기를 목표로 한다. 게이트 통과에 의하여 계속하여 1타의 타격 권을 얻을 수 있다. 더욱더 유리한 것은 터치이다. 스파크 타격을 할 수 있고 더욱이 1타의 권리를 얻을 수 있다. 그러므로 안이하게 게이트 통과를 지향하기 보다도 터치를 겨냥하는 쪽이 유리한 것은 말할 것도 없다.

예를 들면 그림 4와 같이 ②의 공은 제2게이트를 통과할 수 있는 위치에 있지만 그것보다도 ❸의 상대공을 터치해서 스파크 타격으로 아웃이 되도록 한 뒤에 제2게이트를 통과하는 쪽이 보다 유효한 작전이다. 게다가 제2게이트 통과 후의 1타로 자기 팀 ⑥에 터치, 스파크 타격에서 제2게이트를 통과시키므로 자기 공을 제3게이트로 가게 하는 방법도 있을 수 있다. 그리고 ④의 공은 ❸이 아웃되기 때문에 아웃될 걱정이 없거나 ❺를 터치하거나 혹은 제1게이트를 통과할 수 있다. 이와 같이 터치에 의한 연속 경기가 팀 경기의 작전에 가장 중요하다.

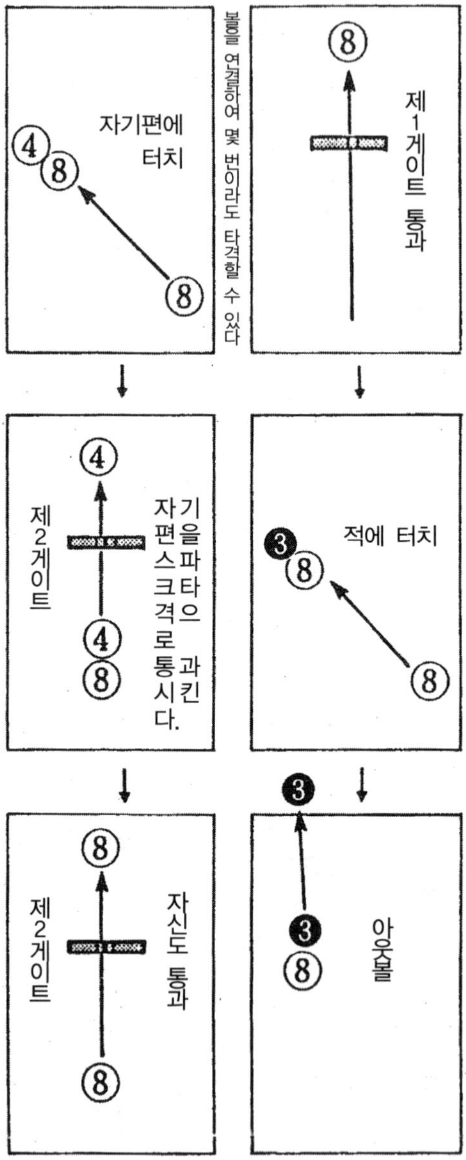

그림 3

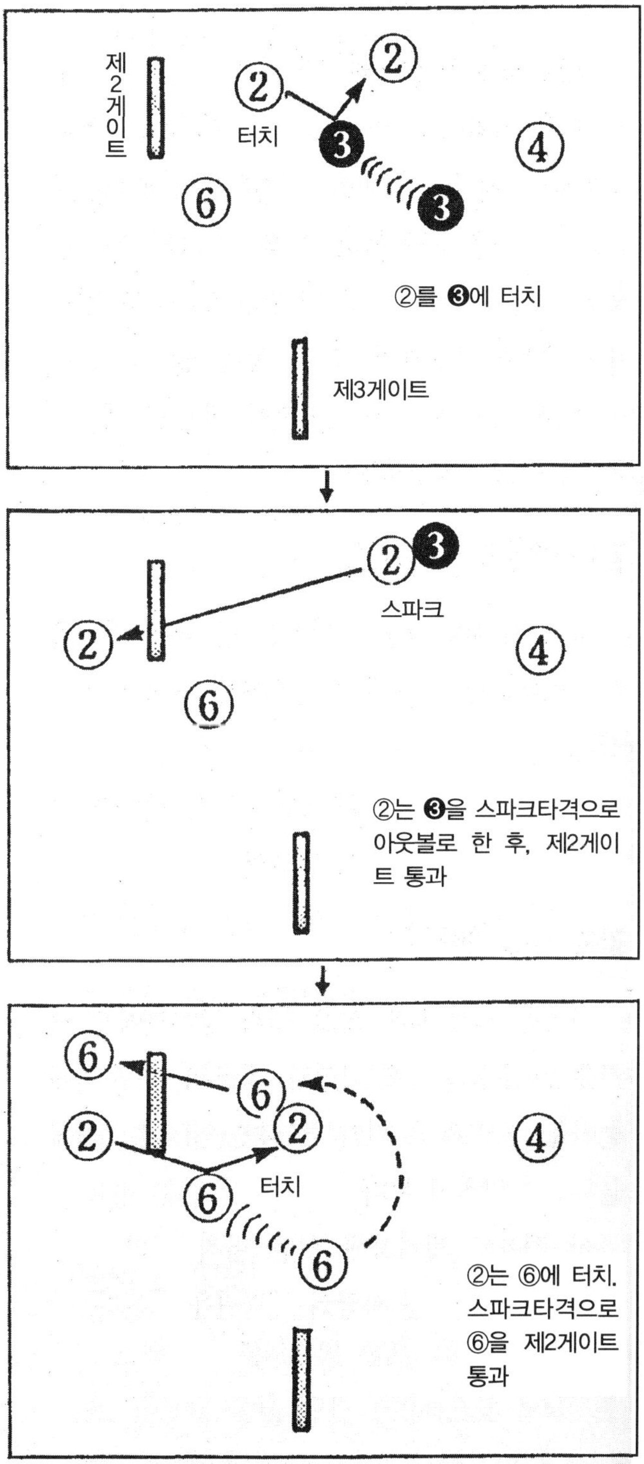

제2게이트
터치
②를 ❸에 터치
제3게이트
스파크
②는 ❸을 스파크타격으로 아웃볼로 한 후, 제2게이트 통과
터치
②는 ⑥에 터치. 스파크타격으로 ⑥을 제2게이트 통과

그림 4

11 경기 중 반칙사례 발췌 및 공의 조치

반칙명	반 칙 내 용	조 치
1. 경기방해	1) 고의적으로 경기 규칙 위반, 경기 지연 방해 등(반복된 경우)	타격권 몰수, 직근밖 통과, 완료 취소, 퇴장 경기몰수중 택일 적용
2. 경기몰수	1) 기권(기권, 5명 미만, 경기 거부) 2) 부정 출장	1), 2) 몰수게임 처리 상대팀 승
3. 경기자의 교체	1) 교체하여 물러난 경기자 재차 플레이 2) 교체신고 없이 플레이	1), 2) 퇴출, 이동한 공은 이동전 위치 무효 플레이
4. 타임오버	1) 8초 지적후, 2초내 타격하지 않은 경우 2) 9초 지저후, 2초내 스파크 타격하지 않는 경우	1), 2) 반칙선고후 이동된 공 원위치 * 스파크 타격에 관련된 행위중 타임 오버는 스파크 타격에 관련된 해당항목 적용
5. 타격위반	1) 밀어치기, 두 번치기, 페이스 이외로 쳤다. 2) 간접으로 자, 타구이동(게이트, 골폴, 흙, 잔디) 3) 스파크 타격 후 타자의 권리발생전 타격 4) 자기 공을 스타트에리어에 놓지 않고 타격 5) 타인 공을 쳤다. 6) 이동중인 자기공을 쳤다.	1) 자·타구 타격시 위치 2) 자·타구 이동전 위치 3) 타격시 위치 4) 무효 플레이 5) 타격시 위치 6) 자기공 : 타격시 위치의 직근밖 * 스파크 타격에 관련된 행위 중 타격위반 시는 스파크 타격에 관련된 해당 항목 적용
6. 두번터치	1) 계속 플레이중 스파크타격한 타인공을 또 터치	자기공 : 터치위치의 직근밖 타인공 : 터치된 위치
7. 스파크 타격위반	1) 스파크 타격 권리 발생 후, 스파크타격하기 전까지 접촉된 타인 공이 직접 또는 간접으로 공을 이동시킴. 2) 세트전. 자기 공을 밟을 때. 자기 공이 발밑에서 벗어남. 3) 세트후. 자기공 고쳐밟을 때 자기공 발밑에서 벗어남. 4) 밟은 발만을 쳤을 경우(공의 이동 유무 불구) 5) 스파크 타격 후. 자·타구의 간격 10cm 미만	1) 자·타구 : 터치후 정지 위치 * 조치경과 : 자·타구 10cm 미만인 경우 자기공 직근밖 2) 자·타구 : 터치후 정지 위치 * 조치결과 : 자·타구 10cm 미만인 경우 자기 공은 직근밖 3) 자기 공 – 직근밖. 타인 공 – 세트시위치 4) 자기 공 – 직근밖. 타인 공 – 세트시위치 5) 자기 공 – 직근밖. 타인 공 – 세트시위치

반칙명	반 칙 내 용	조 치
7. 스파크 타격위반	6) 스파크 타격과 동시에 자기 공이 발밑에서 벗어남(또는 자·타구 동시에 벗어남) 7) 복수의 타인공 동시에 스파크 타격의 경우 8) 인사이드 라인밖에 세트후. 스파크 타격 경우 9) 스파크 타격 종료 후 자기 공에서 발을 뗄 때 자기공 이동	6) 자기 공 – 직근밖. 타인 공 – 세트시위치 7) 자·타구 터치후 정지 위치 * 조치결과 : 10cm 미만시 자기공 직근 밖 8) 자·타구 터치후 정지 위치 * 조치결과 : 10cm 미만시 자기공 직근 밖 9) 자기 공 – 터치후 정지위치
8. 아웃볼 타격위반	1) 타인공이 게이트나 골폴에 접촉되어 있을 때. 자기공이 게이트나 골폴에 접촉된 경우 간접 이동 간주 2) 아웃볼을 타격하여 인사이드 라인 안의 다른 공을 맞힌 경우 3) 아웃볼을 타격한 바 다른 아웃볼을 맞힌 경우	1) 자기 공 – 발생시점 직근밖 이동된 타인공 – 이동전 위치 2) 자기 공은 반칙 발생시점의 직근밖. 이동된 타인공은 이동전 위치 3) 자기 공은 반칙 발생시점(직근밖). 이동된 타인공은 이동전 위치 → 자·타구 나란히 놓는다.
9. 촉구위반	1) 정지구에 닿았을 경우 2) 이동중인 자기공에 닿았을 경우 3) 이동중인 타인공에 닿았을 경우 4) 공이 게이트나 골폴에 접촉돼 있을 때 스틱 및 유니폼이 닿았을 경우(단, 모자 및 몸에 지닌 물건은 제외)	1) 촉구한 위치 2) 촉구한 위치의 직근밖 3) 자기공 – 정지위치의 직근밖 타인공 – 촉구한 위치 4) 이동전 위치
10. 기타 유의사항	1) 레프리타임 : 경구중 심판원이 인정한 행위에 소요된 시간 2) 타자의 확인 – 자·타구의 접촉 여부 – 스파크 타격시 세트된 공이 게이트 선에 걸려 있는지 여부 – 게이트 선에 걸린 공이 정방향 또는 역방향에서 온 것인지 여부 3) 타격포기 불가 4) 스파크 타격 포기 불가 5) 퇴장한 경기자 및 결원된 경기자의 공 6) 터치 후. 자기공 이동중이라도 터치된 공(정지)을 심판원이 허용시 터치된 공 접촉 가능 7) 스파크 타격된 공이 이동중이라도 심판원이 허용시 자기공 타격 가능	1) 무효 플레이로 처리 2) 불이익 초래 – 경우에 따라 반칙 유의 – 게이트 통과 여부 유의 – 통과 여부와 관련 유의 3) 헛스윙은 타격 간주 4) 스파크 타격때 헛스윙: 직근밖 5) 종료 때까지 그대로 둔다. 6) 심판원의 지시 없으면 정지구 촉구 위반이 된다. 7) 심판원의 지시 없으면 타격 위반이 된다.

제 9 장

게임의 진행 방법

1 경기를 시작하기 전에

「2팀이 형성 되었으니 게임을 시작하자」라고 하기 전에 해야 할 사항이 몇 가지 있다. 먼저 타순과 선공 · 후 공의 결정이다. 이것을 정하지 않으면 게임을 시작할 수 없다. 그밖에 심판 「플레이볼」의 선고까지 앞으로 진행하는 방법은 다음과 같다.

1. 타순을 정한다.

양 팀이 각각 공을 치는 순번을 정한다. 이 타순은 게임 개시에서 종료까지 변할 수 없다. 순번을 정할 때 각자의 기술에 알맞게 작전을 생각한다.

2. 선공과 후 공을 정한다.

양 팀 중 선공과 후 공을 정한다. 주장끼리 가위, 바위, 보를 하던가, 토스를 하여 이긴 쪽이 어느 쪽인가를 선택하도록 한다. 혹은 사전에 이긴 쪽이 선공(또는 후 공)이라 정해 두는 방법도 있다. 이렇게 해서 선공 · 후 공이 정해지면 선공 팀이 치는 첫 번째 순번의 사람이 타순의 1번이 된다. 그다음 타순 2번은 후공 팀의 치는 첫 번째 사람이다. 이와 같이 양 팀이 번갈아 선공이 기수(1,3,5,7,9번) 후 공격의 짝수(2,4,6,8,10)의 타순으로 된다. 타순이 정해지면 각자 자기 번호의 제킨넘버를 붙이고 그것과 같이 번호의 공을 찾는다. 선공은 빨간 공의 홀수 번호, 후 공격은 백색의 짝수번호 공이다.

3. 인사를 한다.

선공 팀이 출발점 라인이 있는 쪽의 제1라인을 따라 선다. 후공 팀은 그 코너 한쪽의 제1라인을 따라 나란히 한다.

서는 방법은 감독이 코너에서 가깝게 위치하고 계속하여 타순 경기자가 일렬로 서고 교체멤버가 계속하여 선다. 정렬을 하고 있지 않는 사람은 출전할 수 없다.

심판은 코트 안에 위치하여 양 팀이 정렬하면 신호를 한다. 양 팀은 전원 모두 그 신호로 서로 인사를 주고받는다.

4. 경기를 위한 정렬을 한다.

인사가 끝나면 후공 팀의 출전 경기자가 선공 팀의 사이드로 이동하여 타순대로 제2라인 가깝게 옆으로 일렬로 정렬한다. 출발점 라인에 가까운 쪽에서 1번, 2번 …의 순서이다. 감독과 교체멤버는 이 정렬로부터 예외이며 이것으로 모든 경기개시 태세를 끝낸 것이다.

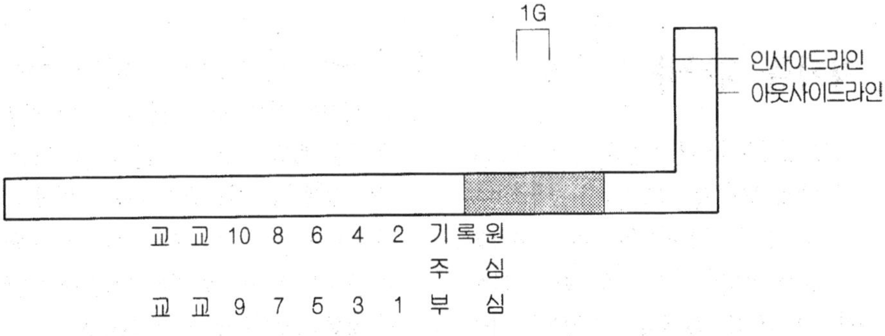

(지정된 위치)

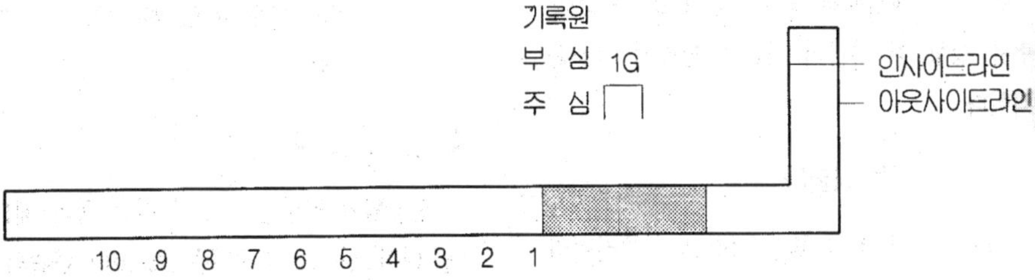

(경기개시위치)

2 게임의 개시

대회 본부에서 「경기개시」의 신호에 따라 주심은(그림 3)의 A위치에서 「플레이볼」의 선고와 이어 ①번하고 통고한 후 B의 위치로 이동한다.

플레이볼 선고 후 경기자는 아웃사이드라인에서 대기한다.

주심으로부터 타순번호를 통고받은 타자는 한쪽 팔을 높이 들고 「O번」하고 복창과 동시에 스타트라인으로 나간다.

그리고 타자는 자기 공을 라인위에 두고 타격 자세를 취한다. 심판은 그것을 보고 타격의 신호를 한다. 또한 경기자는 신호 10분 이내에 제1게이트를 향해 자기 공을 쳐야 한다. 이것으로 게임이 시작된다.

3 제1게이트 통과

제1게이트를 통과한 경기자는 자기 타순의 경기에 의하여 제2게이트의 통과를 목표로 한다. 또 제1게이트를 통과하면 타인의 공에 터치를 하여 스파크 타격을 할 수 있다. 제1게이트 통과 후의 공은 자기 팀 터치나 거기에 계속되는 스파크 타격에 의하여 다음 제2게이트를 통과시킬 수 있는 자격을 받을 수가 있다. 그러나 반대로 상대팀 사람의 터치나 스파크 타격에서 보다 제2게이트로부터 멀리할 수 있기도 하고 아웃시키는 일도 있다.

자기 팀과 상대팀이 한사람씩 교대로 타순대로 경기를 하는 것이므로 항상 상황이 변한다. 자기 타순이 아닌 대기일 때라도 타인의 경기나 게임 장면의 전개를 잘 지켜보아 자기 타순이 되었을 때를 생각하고 있어야 한다.

4 아웃 볼

자기 공이 자기의 타격이나 타인의 터치, 스파크 타격에 의하여 제1라인의 코트 밖으로 내보내면 아웃이 된다. 아웃 볼은 제1라인에서 1cm 사이를 둔 코트밖에 두고 다음 타순을 기다린다.

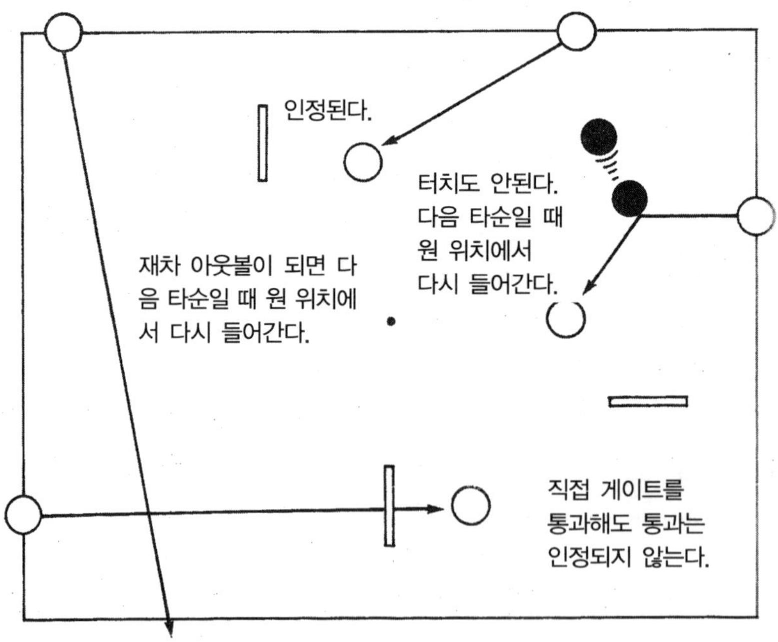

아웃의 판정은 경기 규칙에서는 공이 완전히 제1라인을 넘을 경우에 아웃(조금이라도 걸려있으면 세이프)으로 되고 있다. 심판원은 아웃이 된 때 제1라인 위를 공이 지나쳐 간 지점을 확실히 하여 거기에서 10cm 바깥쪽으로 아웃 볼을 둔다. 그리고 다음 타순이 오면 그 지점에서 공을 코트 안으로 쳐서 넣는다. 아웃으로 코트에 넣는데 몇 가지 규칙이 있다.

다음 사항에 주의하면서 쳐야 한다.

1. 아웃 볼의 타격

- 타자가 아웃 볼을 타격할 때는 심판원이 놓아둔 위치에서 한다.
- 타자가 아웃 볼을 타격하여 자기 공에 재차 인사이드 라인 밖으로 나간 때는 아웃 볼로 한다.

2. 아웃 볼 위반

- 타자가 아웃 볼을 타격하여 공에 맞거나 또는 게이트 혹은 골폴에 맞혀 공을 이동 시켰을 때는 반칙이 된다.
- 터치를 할 수 없는 다른 공에 닿으면 아웃 볼의 접촉 위반 반칙이 된다.
- 다른 공을 움직이게 하거나 다른 공의 이동 위반 반칙이다.
- 지정 지점(1라인 공의 통과 지점에서 10cm 바깥쪽) 이외의 곳으로 쳐 넣어서는 안 된다.
- 게이트를 지나도 통과는 아니다.
- 골폴에 닿아도 종료되지 않는다.
- 쳐서 들어간 공이 재차 제1라인을 넘어 아웃이 되었을 때는 원위치로 되돌아가 다음 타순을 기다린다. 아웃되었을 때는 코트에 들어가 경기가 될 뿐 그 이외의 경기는 일절 되지 않는다.
- 아웃 볼 위반의 경우에는 다음과 같이 조치한다.
  - 자기공은 반칙시의 직근밖으로 한다.
  - 반칙에 의해 이동된 모든 공은 이동전 위치로 되돌린다.

5 터치와 스파크 타격

터치는 타인의 공에 자기 공을 맞추는 것이다. 터치는 자기 팀 공이나 상대 팀 공이나 자유롭게 할 수 있다.

터치가 성공하면 계속하여 그 터치한 다른 공에 스파크 타격을 행할 수 있다. 다만, 터치를 한 후 자기의 공 혹은 터치한 다른 공이 아웃이 된 때는 스파크 타격을 할 수 없다.

스파크 타격을 바르게 행하면 다시 한 번 더 계속하여 타격을 할 권리를 얻는다. 그 타격에 따라서 또 터치를 해도 좋고 다음 게이트 통과를 겨냥해도 좋다.

이와 같이 터치는 변화가 많은 경기이다. 터치에서 스파크 타격, 그리고 추가 1번의 타격과 한 번의 타순에서 3번의 경기가 적어도 계속되는 상황이다. 더욱이 추가한 타격에서 게이트를 통과하기도 하고 다른 공에 터치를 하면 거듭 경기를 할 수 있다.

또 터치는 타인의 공을 두 개 이상 동시에 혹은 연속해서 해도 유효하다. 2개의 공을 동시에 연속하여 터치를 할 때는 어느 쪽에도 스파크 타격이 가능하고 그 후 2번 타격의 권리가 인정되는 것이다.

터치와 스파크 타격에 의하여 자기 팀 공을 게이트 통과나 종료시킬 수 있다. 그 반대로 상대의 공을 아웃하기도 하고 게이트에서 멀리하게도 할 수 있다.

이와 같이 터치와 스파크 타격을 크게 활용하여 일회의 타순을 할 수 있을 뿐 아니라 가능한 한 경기를 계속해서 자기 팀을 유리하게 상대팀을 불리하게 하는 것이 게이트볼의 재미다.

더욱이 일회의 타순에서 한 번 터치한 타인의 공에는 터치를 할 수 없다. 만약 그것을 행하면 두 번 터치 반칙이 된다. 그밖에 터치와 스파크타격의 경기에는 몇 가지의 규칙이 있다.

6 제2, 제3게이트의 통과

게이트 통과한 제1, 제2, 제3의 순서로 나간다. 제2게이트를 통과하지 않고 제3게이트를 지나쳐가도 통과라고 인정되지 않는다. 제2, 제3게이트도 자기의 타격에 의하여 통과한 곳은 다시 한 번 더 칠 수 있는 권리를 얻는다. 다만, 통과해도 아웃이 된 때는 잇따라 칠 수 없다. 타인의 터치나 스파크 타격에 의하여 바르게 게이트를 통과한 경우도 통과가 되지만 그 경우는 추가 타격은 물론 인정되지 않는다.

제2, 제3게이트의 통과는 말하자면 게임의 중반전이다. 코트 내에는 상대팀과 자기 팀이 뒤 섞여 몇 개의 공이 산재해 있다. 자신의 공에 익숙해지자.

자신의 공뿐만 아니라 자기 팀 공을 어떠한 방법으로 유리한 장소에 두어 상대팀의 공을 어떻게 불리할까.

단지 게이트를 통과시키는 것뿐만 아니라 양 팀 경기자의 터치나 스파크 타격에 의하여 격한 공방전이 벌어지는 장면에서 게이트볼의 가장 재미있는 전을 발견할 것이다. 그렇기 때문에 타순이 된 경기자의 책임은 무거워지고 공의 배치를 보아 전체 정세 안에서 자기 타격의 방법을 정해야 한다. 즉시 다음 게이트를 통과하든가 그렇지 않으면 다른 공에 터치를 하든가의 판단이 필요한 것이다.

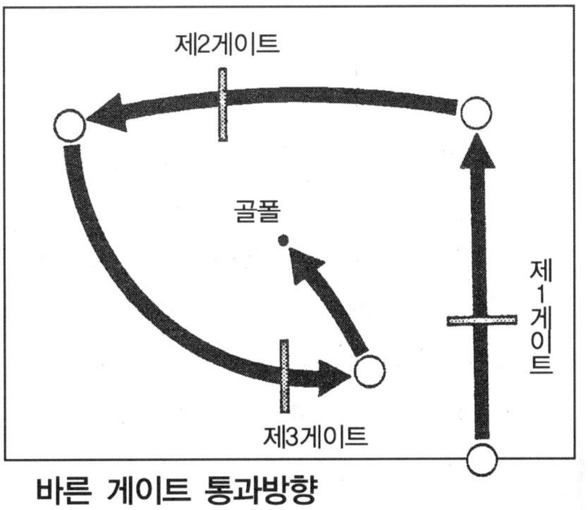

바른 게이트 통과방향

화살표와 반대 방향에서 게이트를 빠져나갔어도 통과라고 인정되지 않는다.

7 게임 중 경기자의 위치

타순에 의하여 자기의 타격과 그 위에 계속하여 인정되는 경기가 끝나면 신속하게 코트를 떠나 제2라인 밖으로 나간다. 게임 중 제2라인의 안에 들어올 수 있는 것은 심판과 타순에 의하여 경기를 하는 사람뿐이다. 감독은 제2라인과 제1라인의 사이에 들어와도 좋지만 코트 내에는 들어올 수 없다.

타순에 의하여 경기를 하고 있는 경기자 이외의 사람은 제2라인의 바깥쪽 자기 공에 가깝게 위치한다. 그리고 다음 타순이 되어 심판 통고가 있으면 코트에 들어와 경기를 한다. 만약, 심판의 통고 전에 제2라인 안에 들어오면 반칙이 되며 타격을 할 수 있는 권리를 잃어 버린다. 심판의 지시로 경기를 하는 경기자 이외의 사람이 코트 내에 들어오는 것은 전부 반칙이 된다.

8 경기자의 교체

교체는 교체하고자 하는 경기자가 타순에 의한 타격을 심판에게 통고받기 전에 감독이 심판에게 신고하는 것으로 인해 인정된다. 교체하는 경기자는 그 팀의 멤버로서 시합 개시 전에 등록한 보결이 아니면 되지 않는다. 교체한 경기자의 타순은 교대한 본래의 경기자의 타순이다. 교체를 하여 일단 게임에서 퇴장한 사람은 같은 게임에 재차 출전할 수 없다. 같은 게임 중에 교체를 할 수 있는 것은 2명이다.

심판이 최초 경기자의 타순을 확인한 후 만일 플레이 볼의 선고 이전이라 하더라도 경기자를 교체시키면 정규 교체가 된다. 교체를 했으면 재차 참가시킬 수 없는 것이다.

심판에게 신고 후 교체를 하거나 타격의 통고 후에 교체를 하거나 일단 교체해 퇴장한 경기자가 같은 게임에 재차 출전할 때는 교체 위반 반칙이 된다.

9 완료

게이트 통과 순서에 따라서 제3게이트를 통과한 공이 바른 경기에 의해 골폴에 맞으면 그 공은 종료가 된다. 종료 하려면 자신의 타격이라도 타인의 터치나 스파크 타격이 되지 않는다. 완료된다면 그 공의 사람은 모든 경기가 완료되고 공을 재빠르게 코트 밖으로 내보낸다.

게이트볼은 완료를 목표로 하는 게임으로 될 수 있는 한 재빨리 게임이 될 수 있게 경기자 각자가 노력한다.

완료는 모든 경기의 완료가 되지만 완료된 공은 어떠한 경기도 할 수 없고 완료된 사람은 그 이후 어떠한 경기를 할 수 없다. 따라서 이후의 게임은 완료된 사람을 빼고 남은 경기자로 행한다.

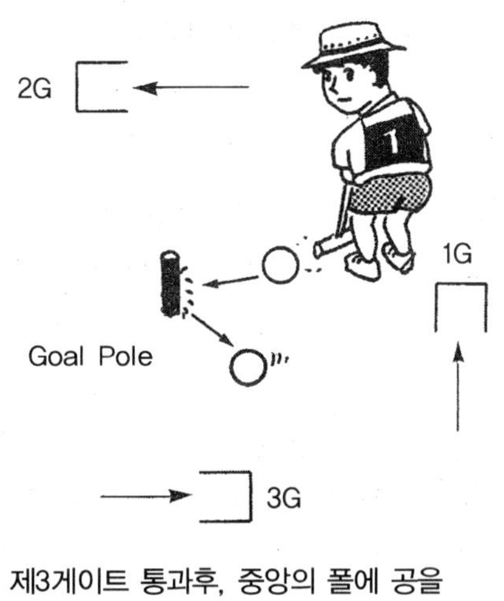

제3게이트 통과후, 중앙의 폴에 공을 대면 종료된다.

10 경기종료

게임은 어느 쪽이든 그 팀의 전원이 완료된 때든가 양 팀이 함께 전원이 완료될 수 없는 상태로 정해진 경기 시간이 끝났을 때에 종료한다. 그때 심판은 경기종료를 신호로써 통고한다.

11 승패를 정하는 방법

게이트볼은 정해진 경기 시간 내에 어느 쪽의 팀이든지 전원 종료된 팀이 이기게 된다. 그러나 경기 시간 내에 양 팀 전원이 종료 되지 않는 경우도 있다. 그때는 득점에 의하여 승패를 정하지만 그러나 정해져 있지 않을 때의 방법도 룰에 따라서 정할 수 있다.

(1) 득점을 세는 방법

득점은 각 게이트의 통과와 골폴에 닿은 완료에 따라 정해져 있다. 경기 시간 내에 어느 쪽인가의 팀이 전원 완료되었을 때는 이 득점이 승패를 결정하는데 사용한다.

게이트 통과 및 종료의 득점수는 다음과 같다.

제1게이트 통과 1점
제2게이트 통과 2점
제3게이트 통과 3점
완료되면 5점

경기가 종료 되었을 때 각 팀의 5명 경기자의 최종득점을 합계한 것이 그 팀의 득점이다.

(2) 승패를 정하는 방법

승패는 다음 방법에 의하여 결정한다.

a. 경기 시간 내에 먼저 전원이 완료된 팀-승리

b. 경기 시간 종료 때, 어느 쪽의 팀도 전원이 완료 되지 않았을 때-팀의 득점합계가 많은 팀이 승리

c. b의 방법에서 득점 합계가 동점일 때-완료된 공이 많은 팀이 승리

d. c의 방법에서 종료된 공의 수가 양 팀 같은 숫자일 때-제3게이트를 통과한 공의 수가 많은 팀이 이긴다.

e. d의 방법에서 제3게이트 통과 공의 수가 양 팀 같은 숫자면-제2게이트를 통과한 공의 수가 많은 팀이 이긴다.

f. e의 방법에서도 정해지지 않은 경우-양 팀의 경기 종료 때의 경기자에 의하여 출발점 라인에서 공을 쳐 제1게이트를 통과한 공이 많은 팀을 이긴 것으로 한다. 역시 그래도 정해지지 않으면 1번과 2번이 제1게이트를 통과한 것을 겨루고, 그래도 정해지지 않으면 2번과 3번...이라고 하는 방법으로 정한다.

A팀

	제1 게이트	제2 게이트	제3 게이트	골폴	합계
①	✔	✔	✔		3
③	✔	✔	✔	✔	5
⑤	✔				1
⑦	✔	✔	✔		3
⑨	✔	✔			2
					14

B팀

	제1 게이트	제2 게이트	제3 게이트	골폴	합계
②	✔	✔			2
④	✔	✔	✔	✔	5
⑥	✔	✔	✔	✔	5
⑧	✔	✔			2
⑩	✔				1
					15

<득점 계산법> 각 게이트는 통과마다 1점, 골에는 2점을 받는다. A팀은 골에 달한 것이 한 사람에 5점, 제3게이트까지의 통과자가 2사람에서 3점 × 2 = 6점, 제2, 제1게이트까지의 통과자가 각각 한사람. 그러므로 2점 + 1점. 이것들을 합하면 14점이 된다. 같은 계산방법에서 B팀의 합계는 15점. 14대 15로 B팀이 이겼다.

12 몰수 시합과 경기 중지

(1) 몰수 시합

몰수 시합이란 심판 판단에 의하여 그 경기를 계속하지 않고 승패를 선언할 수 있는 경우를 말한다. 득점은 10대 0으로 한다.

경기 개시 5분전 까지 코트에 집합해 있지 않은 팀은 시합을 포기한 것으로 간주되어 상대팀이 이긴 것이 된다. 심판이 경기를 하라는 지시를 해도 경기를 거부할 때는 경기 거부로 되어 그 경기는 몰수되며 상대팀이 이긴 것으로 된다.

참가 신청의 멤버(등록 멤버 1)이외의 사람이 감독이나 경기자로서 출전하고 있는 것이 발견되면 그 시합은 몰수되어 상대팀이 이기게 된다.

(2) 경기가 중지될 때

경기대회에서는 날씨, 기상의 격변이나 그 외에 예측하지 않았던 일 때문에 경기가 계속 될 수 없다고 주최자가 판단할 때, 경기 중지나 연기를 하는 경우가 있다. 경기 중에 경기가 일시 중지된 때는 중지한 때의 상태 그대로 타순과 공의 위치, 경기 시간에 의하여 게임을 재개한다. 소나기 등으로 경기를 일시 중지하고 비가 그친 후 재차 시작하는 일도 있다. 경기 연기는 그날의 경기를 재개할 수 없다고 판단할 경우에 정해진다. 또 경우에 따라서는 중지되는 수도 있다.

경기가 연기되어 다른 날에 경기를 시행할 때에는 중지한 게임을 처음부터 행한다.

제 10 장

게이트볼의 작전

1 전반전의 작전 포인트 – 제1게이트 통과 후의 작전

제1게이트를 팀 전원이 최초의 타순에서 통과시키는 것이 게임 개시 때의 무엇보다도 중요한 일이다. 그러나 이것은 개인 기능에 달려 있으므로 감독의 지시가 미치지 않을 때도 있다.

제1게이트를 통과한 후 게임의 스타트로 진짜 팀 작전 개시가 된다.

제1게이트를 통과시킨 사람은 계속 1타를 칠 권리로 제2게이트 쪽의 공을 나아가게 한다. 그러나 쉽게 앞으로 나아가게 했기 때문에 다음 타순의 상대공에 터치를 겨냥할 것이 빗나갈 수 있다.

그림 1과 같이 ❶공이 먼저 나아가고 있는데 다음 ②의 공은 스파크 타격 후의 타격 권으로 제2게이트로 향하는 상태가 일어나는 것이다. 최초 타순인 사람의 뒤 타순의 상대와 자기 팀 공에 힘을 받은 공을 진행 시키는 방법이 필요하다.

다음 타순의 상대공에 터치 시키는 일을 하기 위하여 터치하기 어려울 정도의 거리까지 공을 보내든가 때로는 터치를 잘못하면 제1라인을 넘는 일도 있다. 제1라인 근처에 공을 앞으로 보내는 것도 하나의 기술이다. 그리고 그 다음 타순의 자기 팀 경기를 기대한다.

그림 2와 같이 ②의 공이 거리가 있기 때문에 ❶번으로의 터치에 실패하면 이번에는 ②의 공이 ❸의 공의 표적이 된다. ❸은 ②에 터치하고 그것을 스파크 타격에서 아웃을 하자. 그리고 자기 팀 ❶에 계속해 터치하여 스파크 타격에서 제2게이트를 통과하게 하고 자기도 다음 1타로 통과 시키고 그리고 연속

경기도 가능하다.

제1게이트 통과 후에 계속해 하는 타격의 경우는 공의 배치와 각각의 타순을 확실히 보고 판정하여 전법을 생각하지 않으면 안 된다.

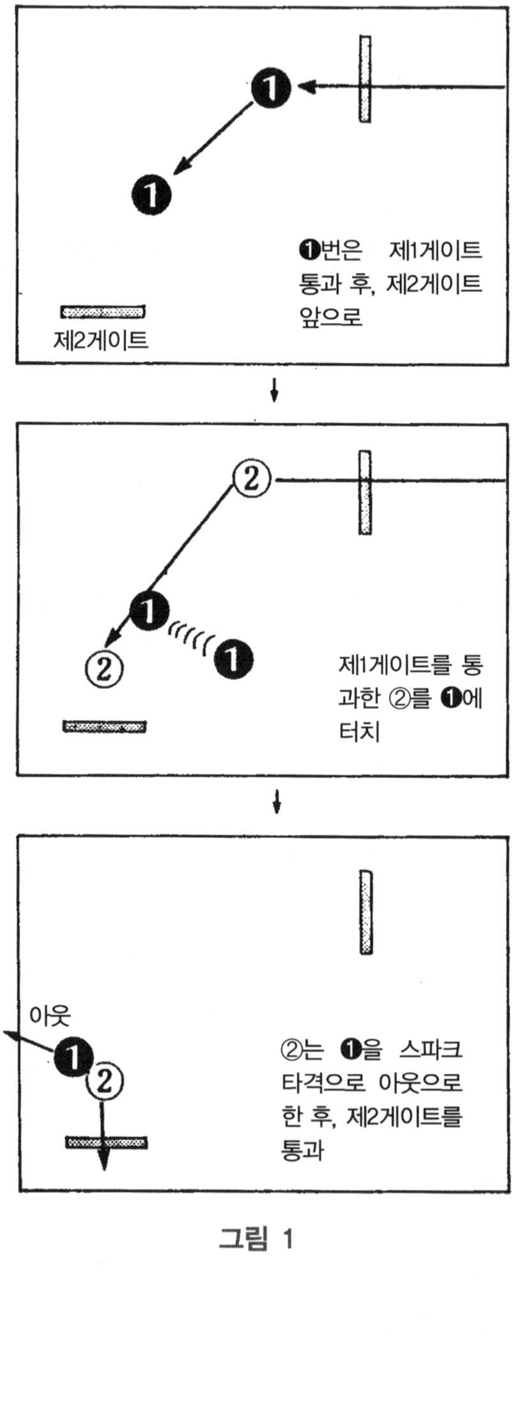

그림 1

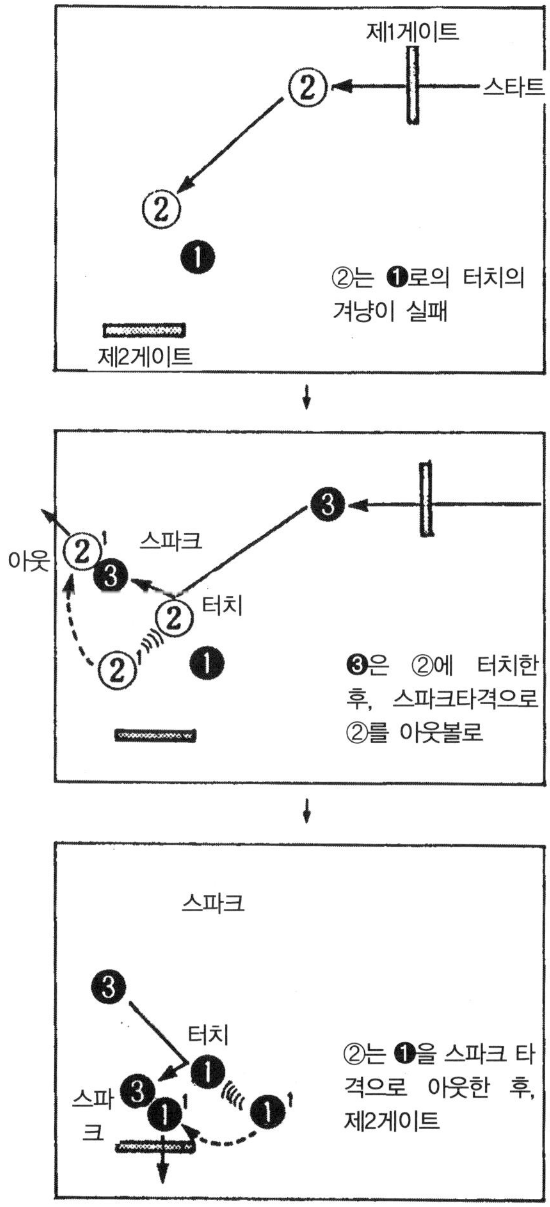
제1게이트
스타트
②는 ❶로의 터치의 겨냥이 실패
제2게이트
아웃
스파크
터치
❸은 ②에 터치한 후, 스파크타격으로 ②를 아웃볼로
스파크
터치
스파크
②는 ❶을 스파크 타격으로 아웃한 후, 제2게이트

그림 2

2 종반전의 작전 포인트 - 골폴전의 공방

점점 제3단계의 종반으로 접어들었다. 여기에서도 작전 가능한 상대측의 공이 종료가 되는 것을 방해하고 자기편의 공이 전부 종료할 수 있도록 진행 시키는 것에 있다.

그렇다고 해서 자신의 타순에서 지체 없이 한 사람만 종료로 하는 것은 도리어 팀 전체를 위하는 것이 되지 않는다. 아직 제3게이트를 통과하고 있지 않는 자기편의 공이 있을지도 모르고 제3게이트 근처의 다음 타순의 상대공에 터치되는 자기편 공이 있을지도 모른다.

골폴전의 작전에서는 먼저 자기편의 공을 가능한 한 종료로 하는 플레이가 중요하다. 게임 최후의 3분간 전황을 역전할 수 있는 찬스가 많이 있다. 제3게이트 통과만이라면 3점이지만 종료로 하면 5점의 득점이 된다. 즉, 자기편의 공을 제2게이트를 2개 통과시켜 4점을 획득하는 것보다 하나 종료로 하는 쪽이 득점이 늘어나고 이와 같은 팀 득점 계산도 필요하다. 그러나 한편 제3게이트를 통과하고 있지 않는 자기편 공의 경우는 가령 3점에서 그것을 통과시켜 주고 종료할 수 있도록 하는 쪽이 좋은 것이다.

자신만이 종료하는 것보다도 자기편의 제3게이트 통과를 돕는다. ❺는 제3게이트를 통과, 다음 1타에서 골폴을 목표로 하지 않고 자기편의 (1)의 터치 ❶을 스파크 타격으로 종료시키고 나서 제3게이트 미통과 자기편 ❾에 터치, 스파크 타격에서 ❾를 제3게이트 통과 시킨다. 그리고 다음 타격 때문에 자신의 공을 종료한다.

3 최종 선수의 역전 플레이

경기 종료 시간이 되어도 타순의 타자가 플레이를 속행하고 있는 한 종료가 되지 않는다. 또 그것이 선공 팀의 타자면 후공 팀의 다음 타순의 선수가 플레이를 끝낸 후 종료가 된다. 이 최후의 경기자의 플레이에서 승패가 역전하기도 한다. 게이트볼은 최후의 최후까지 방심할 수 없다. 선공 팀의 최종선수는 상대측 공이 종료가 되지 않게 방해하는 작전이다.

❺가 선공 팀의 최종이라면 상대의 최종 경기자와 가까운 ⑥을 아웃 함으로써 상대측의 최후 타격 찬스를 봉쇄할 수도 있는 셈이다. 선공 종료는 1사람, 후 공격은 3사람 ❼은 제3게이트 통과 타격 중에서 경기 종료 시간이 되지만 경기를 계속 ⑧에 터치 스파크 타격에서 아웃으로, 자기편 ❸으로 터치, 스파크 타격에서 종료로 이어서 자기편도 마찬가지로 종료로 하고 자신도 종료한다. 다음 ❽은 아웃 볼을 넣을 뿐 성공 종료 4사람, 후공 3사람으로 역전 승리한다.

제 11 장

팀 경기의 테크닉

1 상대를 아웃시킨다.

상대의 볼을 아웃시키는데 가장 효과가 있는 것은 스파크 타격이다. 터치에 의한 아웃도 있지만 자기의 볼이 아웃된 것도 많고 더욱이 터치로 아웃됐기 때문에 다음 연속 경기를 행할 수 없다. 상대의 볼을 아웃으로 할 때 다음 타순으로 그 공을 코트에 넣을 때 가능한 불리한 위치로 보낼 수 있게 노력하는 것이 중요하다. 상대가 가장 불리하게 되는 것은 다음에 통과하지 않으면 안 될 게이트로부터 멀리할 수 있는 것이다. 그러므로 게이트에서 먼 제1라인 밖으로 나가는 것이 먼저 기본과 같다(그림 5의 스파크 타격).

다음은 코트 안으로 복귀해서 계속하여 터치해 아웃이 될 수 있도록 자기 팀 공의 근처로 보내는 것이다. 그림 6의 스파크 타격 A가 그 예다. 그림 6의 스파크 타격 B는 ②번이 코트 내로 복귀한 후의 전개이다. 스파크 타격 A라고 하는 포석이 있기 때문에 모처럼 코트 내에 들어온 ②도 재차 아웃 볼이 되어 버린다.

자기공이 주위에 상대의 공2,3개가 있을 때 어떤 공에 아웃을 겨냥하면 좋을까. 이것에는 타순과 공의 배치 상황을 잘 생각해야 한다. 가장 터치를 하기 쉬운 공을 겨냥하는 것이 누구나 행하고 싶은 마음이지만 자기부터 뒤의 타순의 공을 아웃으로 해도 다음 타순에서 곧 복귀한다. 그것보다도 자기 타순 앞의 공을 아웃으로 하는 쪽이 자기 팀 경기를 돕는 것이다. 그러나 그림 7과 같이 ④가 ❺를 다음에 터치하기 쉬운 위치에 있을 때는❸은 ④를 아웃으로 하여 ❺를 구제할 필요도 있기 때문이다. 상대의 공을 가능한 한 아웃으로 하는 것이 작전의 원칙이지만 같은 아웃을 하더라도 두뇌 경기가 필요한 것이다.

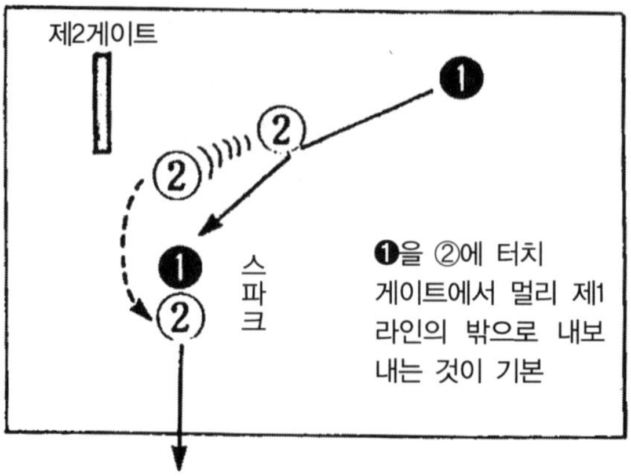
제2게이트
스파크
❶을 ②에 터치
게이트에서 멀리 제1
라인의 밖으로 내보
내는 것이 기본

그림 5

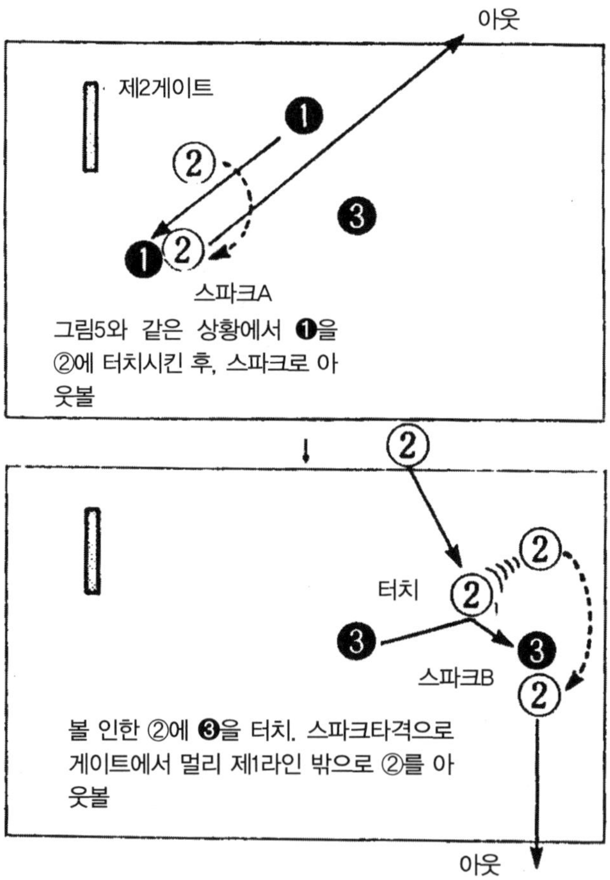
아웃
제2게이트
스파크A
그림5와 같은 상황에서 ❶을
②에 터치시킨 후, 스파크로 아
웃볼
터치
스파크B
볼 인한 ②에 ❸을 터치. 스파크타격으로
게이트에서 멀리 제1라인 밖으로 ②를 아
웃볼
아웃

그림 6

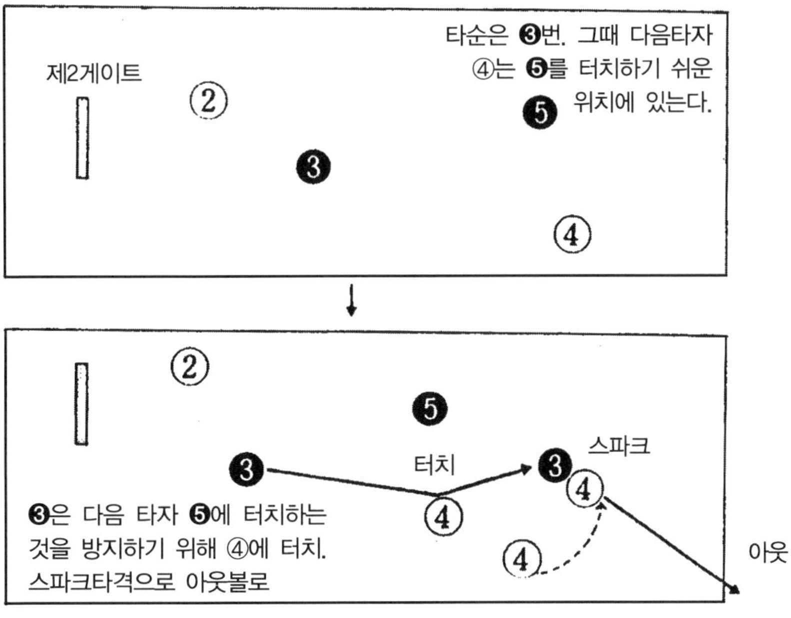

그림 7

2 일발 역전으로 보내는 구(공) 전법

상대팀 공이 게이트 앞에 집중하고 있을 때 자기 팀 공을 그 주변으로 보내는 공이다. 그 전법은 상대공의 게이트 통과를 방해하여 아웃이 되게 하는데 유난히 유효한 작전이다. 송구를 하려면 자기 팀 공을 스파크 타격으로 상대의 공이 모여 있는 근처로 친다. 그 경우 중요한 것이 타순이다. 그림 8과 같이 이미 상대의 ❺,❼,❾의 공이 제3게이트의 부근에 집중하고 있었다. 자기편 ⑥의 공을 근처에 보내도 ❺의 공에 터치되어 아웃이 되어버린다. 그래서 ❺보다도 타순이 빠른 자기 팀 공을 송구로 해야 한다. 그래서 ④를 보내는 것이 가장 좋다. 그러나 만약 상대의 ❸의 공이 형편이 좋은 아웃이고 제3게이트보다는 먼 거리이면 ②를 보내는 것도 유효하다. 보내진 공의 ②는 상대의 ❺,❼,❾에 터치, 스파크 타격에서의 그림과 같이 차례차례로 아웃이 되고 자기도 제3게이트의 통과를 할 수 있는 상황이다. 그러나 만약 이 경우 스파크 타격에 의하여 보내진 공 ⑩에서는 아니고 ⑧이면 어떨까.

모처럼 ②는 다음 타순의 ❾에 곧 터치하고 아웃되어 버린다. 또 ⑩이 ②를 보내는 공으로 했어도 ❶이 먼 거리에 있거나 아웃이 되어 있지 않으면 작전은 실패할 수 있는 상황이다. 이와 같이 보내진 송구 전법은 고도의 두뇌 경기로 타순과 공의 배치 상태를 확실히 보아 둘 필요가 있다.

3 게이트 주변의 공방전

제2, 제3게이트 주변에서는 상대팀과 자기 팀의 세찬 공방전이 전개된다. 이 구역에서의 요점은 상대편 공의 게이트 통과를 방해하여 자기 팀 공의 통과를 돕는 것이다. 그 때문에 타순이 좋은 공의 게이트 주변에서 수비에 전념하지 않으면 안 된다. 게이트를 통과하는 것보다도 다음 자기 팀에게 유리한 전개를 생각하고 게이트 앞으로 공을 가져가는 경우에도 할 수 있다. 또 일단 게이트를 통과하게 하도록 한 뒤에 다음 계속하는 타격에서 통과한 게이트 앞으로 되돌려서 상대를 방해하는 것도 있다. 이와 같은 그림 9와 같이 때로는 대단히 효과가 있는 경기가 된다.

②는 스트레이트로 골폴을 겨냥하기 보다는 일단 제3게이트 앞으로 되돌아가는 것에 의해 상대 ❸ 의공을 다음 타순에서 아웃하여 폴에 닿게 할 수 있다.

다음 타순이 올 때까지 상황은 당연히 변해 있을 것이다. 그러나 기본적으로 자신만 이미 종료해 버리기 보다는 자기 팀을 유리하게 전개시킬 수 있게 할 예정이다. 똑같이 게이트 통과 후에 게이트에 가까운 자기 팀 공의 통과를 거드는 것도 생각한다. 또 그림 10과 같이 자기 팀 공을 송구해 게이트의 수비에 붙여 상대팀의 게이트 통과를 방해하는 작전도 있다. 그동안에 아직 제2게이트 미 통과의 자기 팀의 통과를 겨냥할 수 있는 상황이다. 제2, 제3 게이트에서의 공방전은 혼전의 상황이다. 제3게이트를 통과한 공이 제2게이트 주변의 상대의 공을 터치해 아웃이 되는 장면도 있을 수 있고 혹은 제2게이트를 통과 후 종료를 겨냥하고 있는 상대공을 방해하는 장면도 있다. 또 보내어진 공의 활용이나 역방향에서의 게이트 통과에 의한 공격 등 여러 가지 전법에 의하여 팀 전체의 공을 유리하게 앞으로 나아가게 하는 장면을 전개할 수 있다. 점점 제3단계의 종반의 국면이다. 여기에서의 작전도 가능한 한 상대팀 공이 종료되는 것을 방해하여 자기 팀 공이 전부 종료할 수 있게 앞으로 나가게 하는 것에 있다.

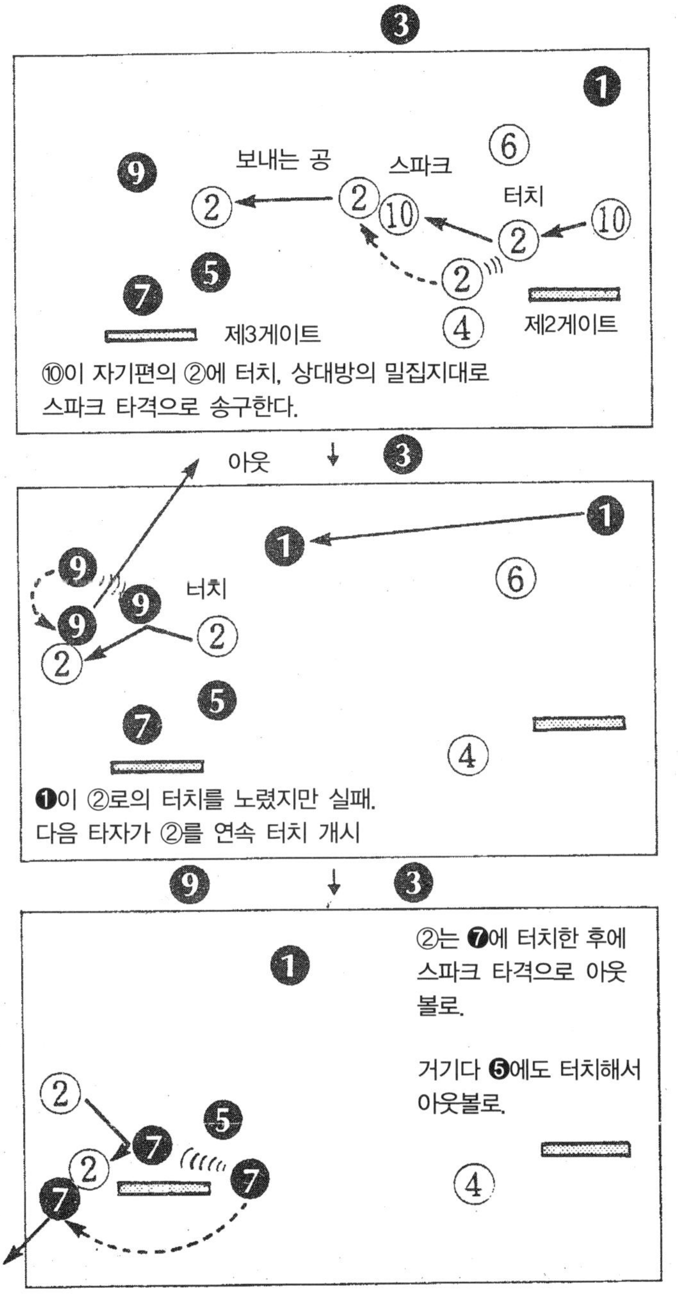
❸
❶
⑥
보내는 공
스파크
❾
터치
②
⑩
❺
❼
④
제3게이트
제2게이트
⑩이 자기편의 ②에 터치, 상대방의 밀집지대로
스파크 타격으로 송구한다.
아웃
❸
❶
⑥
❾
터치
②
❼
❺
④
❶이 ②로의 터치를 노렸지만 실패.
다음 타자가 ②를 연속 터치 개시
❾
❸
❶
②는 ❼에 터치한 후에
스파크 타격으로 아웃
볼로.
거기다 ❺에도 터치해서
아웃볼로.
②
❼
❺
④

그림 8

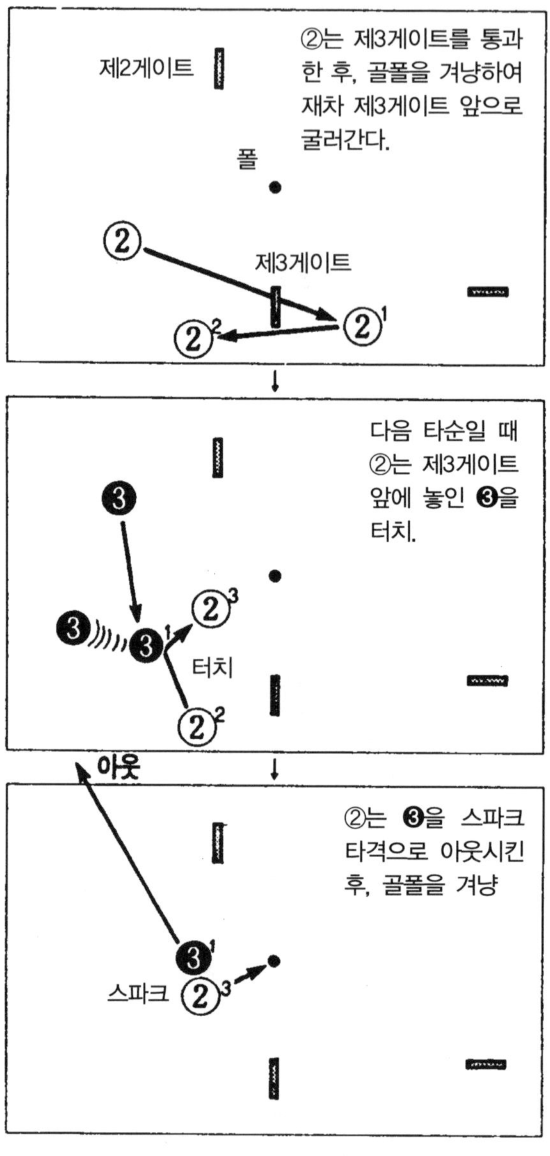
②는 제3게이트를 통과 한 후, 골폴을 겨냥하여 재차 제3게이트 앞으로 굴러간다.
제2게이트
폴
제3게이트
다음 타순일 때 ②는 제3게이트 앞에 놓인 ❸을 터치.
터치
아웃
②는 ❸을 스파크 타격으로 아웃시킨 후, 골폴을 겨냥
스파크

그림 9

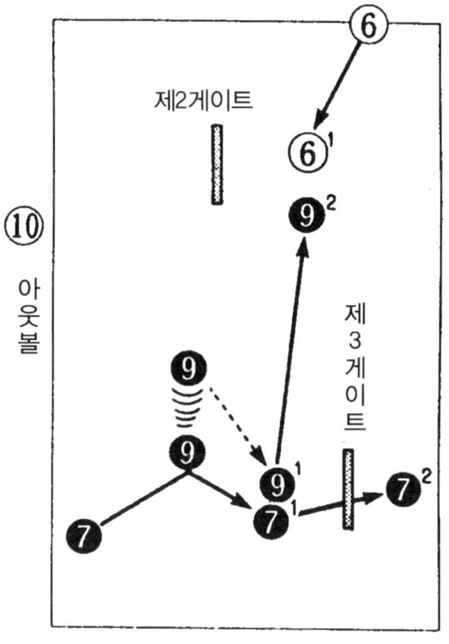

그림 10 게이트 주변의 공방의 예

단지, 게이트통과를 겨냥하는
것만으로는 재주가 아니다.

부록 1

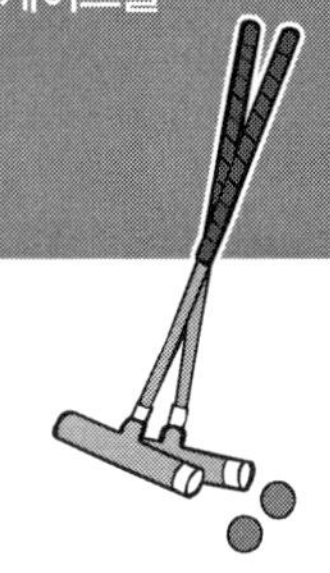

심판원의 경기 준비 절차(세레모니) 및 진행 방법

(유의사항)

- 15분전 방송 때 : 경기진행부에서 기록표·바인더·대진 팀 참가 신청서를 가지고 팀장소로 간다(코트표시 팻말준비).
- 10분전 방송 때 : 양 팀 경기자가 집합되면 오너표 접수 후 선·후공 결정
- 5분전 방송 때 : 이때까지 오지 않은 팀은 후 공 처리(심판원 권리)할 수 있다.
- 경기시간 종료 방송 때 : 팀을 해당 코트로 인솔 후 경기 개시 위치(제자리정열)에 정렬시킴(팀 집합장소에서도 준비 절차를 진행할 수 있다.).

1) 주심 : 지정된 위치로(또는 제자리로) 정렬해 주십시오.
2) 주심 : 지금부터 확인 점검을 하겠습니다.
   - 주심 : 백팀부터 스틱, 공, 복장 등 점검 후 원위치로.
   - 부심 : 홍 팀으로부터 타순 확인 후 원위치로.
3) 주심 : 경기진행 및 심판에 대한 합의 사항 재확인(몸의 이상유무도 확인)
4) 주심 : 지금부터 홍 팀(○○팀) 대 백팀(○○팀)의 경기를 시작하겠습니다. 주심 ○○○, 부심 ○○○, 기록 ○○○ 다 같이 인사합시다(일동 : 안녕하세요.).
5) 주심 : 경기개시 위치로(또는 스타트 위치로) 정렬해 주십시오.
6) 주심 : 경기진행부에서 경기개시 방송 즉시 「플레이볼 1번」통고 후 1코너로 신속이동
7) 주심(또는 A·B심) : 게이트 통과 때 마다 터치 또는 아웃 볼, 완료 때마다 판정선고.

8) 주심 : 경기시간 종료 통보 때 「게임 셋」이라고 선고(중앙위치 부근, 선·후공 때 주의)

양 팀 선수는 각자 자기 공을 가지고 지정된 위치로(제자리로) 정렬해 주십시오.

정렬방법은 확인·점검 때와 동일(단, 제4코너에서 한다.).

9) 주심 : 지금부터 경기결과를 발표하겠습니다.

(예시) 홍 팀 12점, 백팀 16점. 따라서 16대 12로 백팀이 승리했습니다.

- 다 같이 경례 「수고하셨습니다.」 인사 후 양 팀 주장 싸인 하여주십시오(기록표는 기록부에 제출).
- 심판원은 공 및 재킨번호 등을 다음 심판원에게 인계한다(상황에 따라서 본부에 반납).

심판원의 제스처

플레이볼

기본자세

1

2

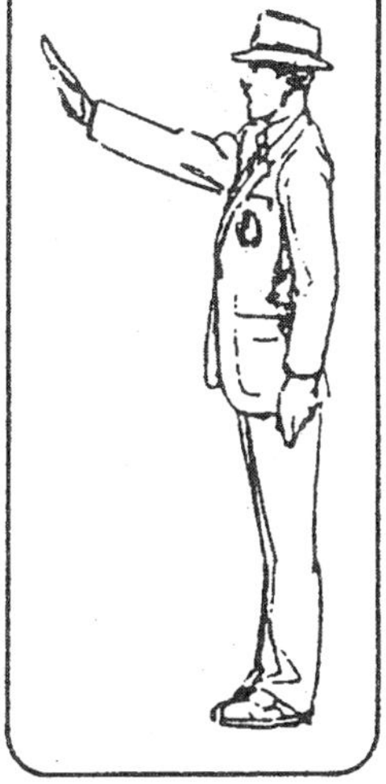

게임셋

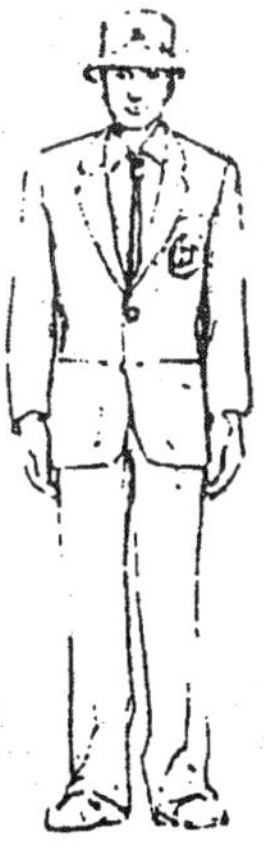

기본자세

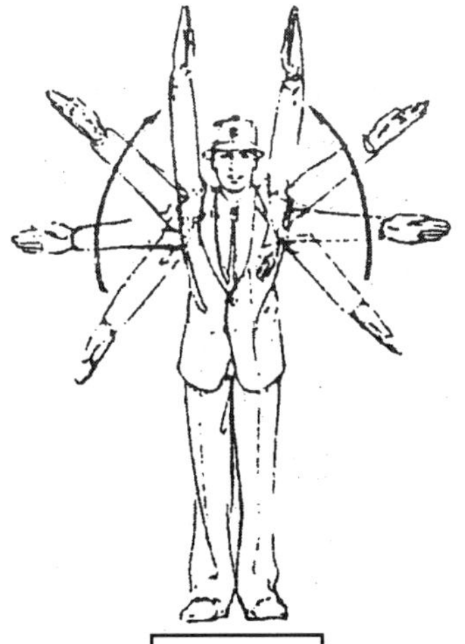

1

2

타격의 통고

기본자세

(1번~5번)

(6번~10번)

1번
2번
3번
4번
5번
6번
7번
8번
9번
10번

한쪽손(1번)

(2번)

(3번)

(4번)

(5번)

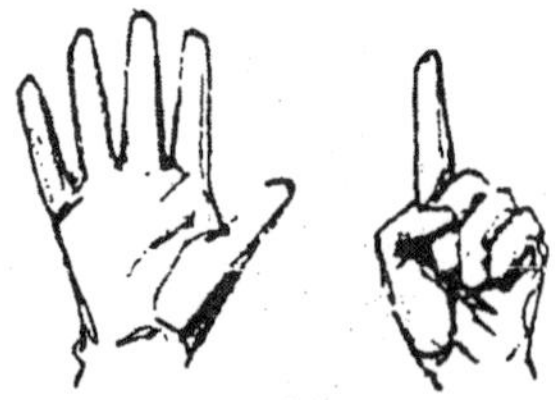

(6번) 양쪽손

타임

기본자세

1

2

게이트 통과

기본자세

1

2

완료

터치

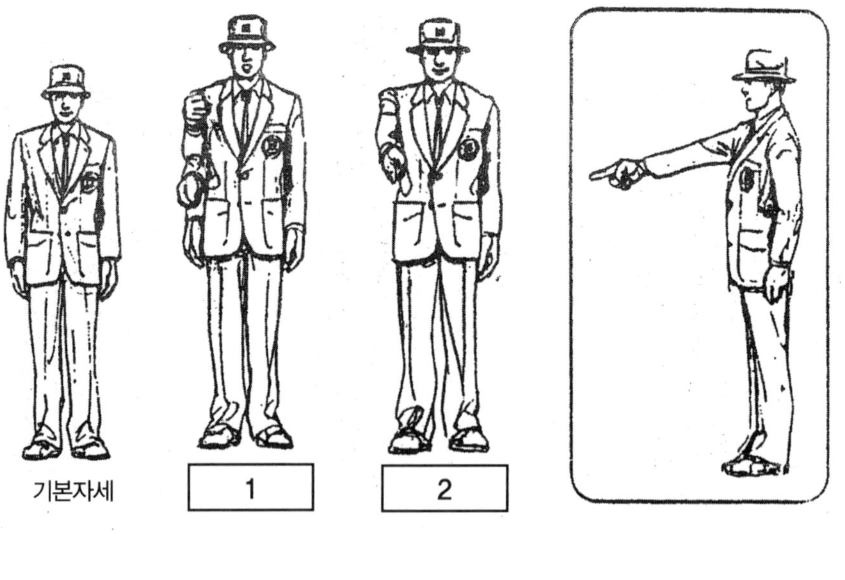

아웃볼

기본자세 | 1 | 2

반칙

기본자세 | 1 | 2

경기자 교체

기본자세 1 2

세이브

기본자세 1 2

타격대기(허가)

기본자세

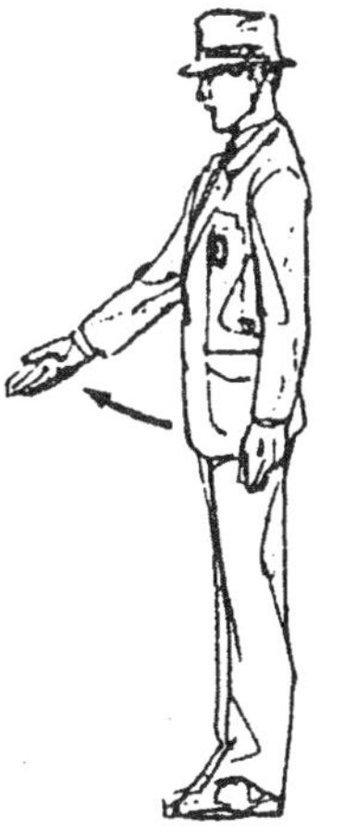

1

2

부록 2

게이트볼 용어

- 감독(監督) : 팀의 총괄 책임자.
- 게이트(Gate) : 경기장 내 설치되어 있는 문.
- 게이트 선(Gate Line) : 게이트의 양다리 부분의 백사이드 쪽을 연결하였다고 생각되는 직선(가상선). 실선은 아님.
- 게이트 통과 : 득점이 되는 볼의 통과. 볼이 프론트 사이드에서 백사이드로 이동하여 게이트 선을 완전히 빠져나간 때 게이트 통과는 성립한다. 게이트 통과가 성립하였을 때의 득점은 게이트마다 1점으로 한다.
- 게임세트(game set) : 경기시간 종료의 신호 후, 최종타자의 최종 플레이가 끝난 뒤, 주심이 선고하는 경기종료의 말 신호. ↔ 플레이 볼
- 경기(競技) : 공식 게이트볼 경기규칙에 따라, 팀 대항으로 승부를 겨룬다.
- 경기개시(競技開始) : 경기의 시작. 주심의 플레이 볼의 선고로 경기를 개시한다.
- 경기시간(競技時間) : 경기시간은 30분간으로 한다. 주심의 플레이 볼의 선고로부터 30분이 되면 경기시간 종료가 되지만, 타자가 플레이 중일 때는, 30분간을 넘어서 종료하는 경우도 있다.
- 경기연기(競技延期) : 경기를 뒤로 물리는 것. 경기 개시 후 20분이 경과하기 전에 연기하였을 때는, 그 경기를 최초부터 다시 한다.
- 경기자(競技者) : 오더 표에 기재된 자. 선발경기자 및 교체경기자를 가리킴.
- 경기장(競技場) : 경기를 하는 장소. 코트와 프리 존과, 대기 에어이어를 포함
- 경기종료(競技終了) : 경기의 종료. 주심의 게임세트의 선고로 경기 종료가 된다.
- 경기중(競技中) : 주심의 플레이 볼의 선고로부터 게임세트의 선고까지의 사이.

- **경기중지(競技中止)** : 경기속행이 불가능하게 되었을 때에, 그 경기를 도중에서 중지하는 것. 경기개시 20분경과 후에 중지시켰을 경우는, 콜드게임이 된다.
- **경기중단(競技中斷)** : 기상상황, 그 밖의 사정으로, 그 경기를 일시적으로 중단하는 것.
- **계측(計測)** : 타임오버를 판정하기 위하여 10초를 재는 것. 단, 시계 들은 사용하지 않는다. 또 경기시간에 대하여는, 시계 등을 사용하여 플레이볼에서 30분간을 잰다.
- **계속플레이** : 타자의 정당플레이의 결과, 연속하여 타격・스파크타격을 하는 것.
- **결번(缺番)** : 퇴장처분을 받은 경기자의 타순은 결번이 되며, 경기종료까지 보충할 수 없다. 또 그 경기자의 볼은 결번으로 된 시점에서 제거 되지만 그때까지의 득점은 유효로 한다.
- **결원(缺員)** : 경기 개시 후 결원이 생겼을 경우는, 그대로 경기를 계속할 수 있다. 그 때, 결원이 된 경기자의 볼은 그대로 두고, 그 후의 다른 경기자의 플레이에 의한 득점은 유효로 한다.
- **고쳐 밟기** : 스파크타격에 관련된 행위로, 한번 밟은 발을 자구에서 떼어 내어, 재차 되밟게 되는 것.
- **골폴(goal pole)** : 코트의 중심에 세워 놓은 것을 말한다. 제3게이트를 통과 성립한 볼이 정당플레이에 의하여 골폴에 맞으면 완료가 된다.
- **권한(權限)** : 경기규칙에 명시되어 있지 않는 경기상의 문제를 결정 하는 것은 주심의 권한이다.
- **교환(交換)** : 스틱을 딴것과 바꾸는 일. 점검 받은 것에 한한다.
- **교체(交替)** : 경기자가 바꾸어지는 것.
- **그립(grip)** : 스틱의 손잡이 등의 쥐는 부분.
- **기권(棄權)** : 경기의 몰수가 되는 것. 팀이 기권을 알려 왔을 경우 또는 경기 개시에 5명이 되지 못한 경우. 심판원의 경기속행 명령에 따르지 않을 경우는 기권이 된다.
- **기록원(記錄員)** : 심판 단을 구성하는 일원으로 경기의 기록을 담당하는 일을 주임무로 한다.

- 기록표(記錄表) : 경기의 경과 및 득점 등을 기록하는 용지.
- 대기에어리어(wating area) : 양 팀의 감독 및 경기자가 대기하는 구역. 프리존 안에 마련한다.
- 대행(代行) : 감독의 임무를 주장이 대신하여 행하는 일이나, 주장이 임무를 실행할 수 없게 되었을 때 다른 경기자가 주장의 임무를 대신하는 것.
- 두 번 터치 : 타자가 계속 플레이 중에 한번 터치한 타구에 거듭 타격하여 맞춘 경우의 반칙명.
- 두 번 치기 : 1회의 스윙으로 페이스가 자구에 두 번 닿는 것. 타격위반의 일종
- 등록(登錄) : 경기대회에 출장하는 경우, 지정 된 등록 서에 팀명·구성 멤버 등을 등록하지 않으면 안 된다.
- 득점(得點) : 정당플레이에 의해 게이트 통과가 성립되거나, 완료가 성립 되었을 때 득점이 된다. ↔ 실점
- 라인(line) : 코트중심에서 보아 안쪽의 라인을 인사이드 라인, 바깥쪽의 라인을 아웃사이드라인이라 한다. 또한, 인사이드라이의 각 구석의 사이를 세1라인, 세2라인, 제3라인 및 제 4라인이라 한다.
- 라인테이프 : 라인을 표시하기 위하여 사용하는 테이프
- 레퍼리타임(referee time) : 경기 중, 심판원이 인정하여 행하는 행위에 요하는 시간
- 몰수(沒收) : 타자의 권리의 몰수·경기의 몰수
- 무승부(drawn game) : 양 팀의 총득점의 내용이 모두 같은 경우. 대회규정에 의하여 무승부 시합으로 할 수 있다.
- 무효(無效) : 레퍼리 타임중의 타자의 플레이와 타자 이외의 경기자의 행위는, 무효 플레이가 된다. 무효한 이동을 한 볼은 이동 저의 위치로 되돌린다. ↔ 유효
- 밀어치기 : 볼을 스틱의 페이스로 밀어내어 치는 방법. 타격위반의 일종
- 반칙(反則) : 경기 규칙에 위반하는 행위
- 밟은 발 : 스파크타격에 관련된 행위에서 자구를 밟은 발을 말함.
- 백사이드(back side) : 게이트 통과의 성립하는 방향에서 보아 게이트를 사이에 둔 뒤쪽 ↔ 프론트 사이드
- 보좌(補佐) : 부심은 주심을 보좌하며, 기록원은, 선심은 아웃 볼에 관하여 주심·

부심을 보좌한다.

- **볼** : 1에서 10까지의 번호를 표시한 구체(具體)인 것.
- **볼의 이동** : 유효플레이나 무효플레이에 의해 발생하는 볼의 이동에 대한 것으로. 「유효한 이동」과「무효한 이동」이 있다.
- **부대시설** : 경기장에 설치되는 득점 보드를 가리킴
- **부심(副審)** : 심판 단을 구성하는 일원으로 주심을 보좌하는 자
- **부정출장(不定出場)** : 출장자격이 없는 자가 출장하는 것. 경기를 몰수당한다.
- **비틀어 밟기** : 스파크타격에 관련된 행위로, 자구를 밟은 발을 자구에서 떼지 않으며 방향전환을 하는 것.
- **사인(sing)** : 주심은 승패의 판정 선고 후, 양 팀의 주장으로부터 기록표에 기록 확인의 사인을 받는다.
- **샤프트(shaft)** : 스틱의 손잡이 자루
- **선고(宣告)** : 심판원이 경기의 진행과 판정에 따른, 음성과 제스처로 경기자와 관객에게 공표하는 것.
- **선심(線審)** : 필요에 따라 심판 단을 구성하는 일원이 된다.
- **선발경기자(starting player)** : 게이트볼에서는 1팀 5명 ↔ 교체경기자
- **성립(成立)** : 플레이가 인정되어, *득점과 계속플레이의 권리가 발생하는 것. 「게이트통과」·「터치」·「스파크타격」·「완료」의 경우 등 「~의 성립」이라 사용 함.
- **세트(set)** : 스파크타격에 관련되는 행위에서 자구를 밟고, 터치한 타구를 자구에 접촉시키는 일
- **득점보드(score board)** : 득점을 표시하는 보드
- **스타트에어리어(start area)** : 스타트타격을 하기위해 자구를 놓은 에어리어를 말함.
- **스타트타격** : 타자가 제1게이트 통과 성립을 겨냥한 타격의 일
- **스틱(stick)** : 헤드 및 샤프트로 된 T자형의 타봉에 대한 것으로 타자가 타격·스파크타격을 할 때 쓰는 용구
- **스파크타격** : 자구의 정지한 위치에서 자구를 밟고 터치한 타구를 발밑의 자구와 접촉시켜, 자구만을 타격하여, 그 충격으로 터치한 타구를 이동시키는 일

- **스파크타격 위반** : 스파크타격에 관련된 행위로 경기 규칙에 위반된 행위의 반칙명.
- **스파크타격에 관련된 행위** : 터치 후 인사이드라이 안의 모든 볼이 정지한 시점에서, 스파크타격 성립 후 자구에서 발을 뗄 때까지에, 정당플레이로 인정된 타자의 행위를 말한다.
- **심판원(審判員)** : 경기의 우열, 승패나 경기자의 플레이 등을 판정하는 사람
- **심판단(審判團)** : 심판 단은 주심·부심·기록원·선심 등으로 구성된다.
- **아웃사이드라인(outside line)** : 코트를 구획하는 바깥쪽의 라인
- **아웃 볼(out ball)** : 타자의 정당플레이로 인사이드라인 밖으로 나간볼 또는 타자의 반칙플레이에 의하여 직근밖으로 조처된 볼을 말하다. ↔ 인볼
- **아웃 볼 타격위반** : 아웃 볼을 타격하여, 다른 볼에 맞춘 경우의 반칙 명.
- **완료** : 제3게이트를 통과한 볼이 정당 플레이에 의하여 골폴에 맞추었을 때, 완료는 성립된다. 완료가 성립하였을 때의 득점은 2점이 된다.
- **어드레스(address)** : 타격하기 위하여 스틱을 볼에 가까이 하여 질 자세를 취한다.
- **에어리어(area)** : 목적에 따라 지정된 구역. 「스타트 에어리어」,「대기 에어리어」.
- **역방향(歷訪向)** : 게이트 통과가 성립 되지 않는 볼의 이동방향. ↔ 정 방향
- **오더(order)** : 타격의 순번.
- **오더표(playing order sheet)** : 감독, 선발경기자의 타수 및 교체경기자를 기입한 용지로서, 경기 개시 전에 심판원에 제출한다.
- **용구(用具)** : 스틱, 볼
- **운동화** : 발뒤꿈치에 높낮음이 없고 경기장을 상하게 하지 않는 신발
- **이동** : 볼의 위치가 바뀌는 것. 「움직임」과 같은 뜻으로 사용하며, 유효한 이동과 무효한 이동 등이 있다. 또한, 볼이 다른 것에 접촉하여 있을 때에는, 그것에 닿으면 외경산 위치가 변하지 않은 때에도 이동한 것으로 간주한다.
- **인볼(in ball)** : 제1게이트의 통과가 성립된 때부터 완료가 성립될 때까지의 인사이드라인 안에 있는 볼을 말함. 아웃 볼을 타격하여 인사이드라인 안에 들어온 때에도 인 볼이 된다. ↔ 아웃볼
- **인사이드라인(inside line)** : 코트를 구분하는 안쪽의 라인을 말한다.

- **인정(認定)** : 인정품: 경기가 공정하고 안정하게 행하여지기 위해 소정의 검사에 합격한 용구(스틱・볼)
- **일시이동** : 플레이에 지장이 있는 볼을 일시적으로 그 장소에서 들어내어 경기에 영향을 미치지 않는 곳에 옮기는 일
- **일시중단** : 경기를 일시적으로 끊는 일
- **입장(入場)** : 주심의 타격통고에 의하여 코트 내에 들어가는 것. ↔ 퇴출
- **자구(自救)** : 타순번호와 동일번호의 볼을 말함. 1번의 경기자와 자구는 1번의 볼이 된다.
- **재개(再開)** : 일시 중단한 경기를 주심의 플레이의 선고에 의하여 시작하는 일.
- **접촉(接觸)** : 볼과 볼, 볼과 게이트, 골폴 등에 접하여 있는 것.
- **정방향(正方向)** : 게이트 통과가 성립하는 볼의 이동방향 ↔ 역방향
- **조치(措置)** : 무효한 이동을 한 볼이나 아웃 볼 등을 경기규칙에 따라 옳은 위치에 놓는 것. 또는 반칙행위를 한 팀이나 타자에 대하여 벌칙을 적용하는 일
- **주심(主審)** : 심판 단을 구성하는 일원으로, 특히 주가 된 자.
- **주장(主將)** : 경기자의 대표자. 감독의 임무를 대행할 수가 있다.
- **직원주(直圓柱)** : 스틱헤드의 모양, 두 개의 평행한 원둘레의 면과 그것을 이은 곡면이 수직인 것.
- **직근밖(直近外)** : 인사이드라인 안에 있는 볼의 지점을 기준으로 하여, 그 지점에서 가장 가까운 인사이드라인에 대한 연장선상에서 인사이드라인의 바깥쪽 10cm지점을 말한다.
- **질문(質問)** : 경기 중 심판원에게 질문할 수 있는 자는 주장에 한한다. 또 동일사항에 대하여 재차 질문할 수는 없다.
- **촉구위반(觸球違反)** : 경기규칙에서 허용된 행위 이외로 코트내외 볼에 닿았을 경우의 반칙 명.
- **출장자격(出場資格)** : 경기에 출장할 수 있는 자격, 경기대회에서는 참가팀에 등록을 한 자로서 참가 자격에 적합하면서 또한, 경기개시전의 확인을 받은 자만이 출전 자격을 가진 자가 된다.
- **코트(court)** : 아웃사이드라인으로 구획된 장애물이 없는 장방형의 평면을 말한다.

- **코너(corner)** : 인사이드라인의 각 구석을 각각 제1코너, 제2코너, 제3코너 및 제4코너라고 부른다.
- **콜드게임(called game)** : 경기개시 20분경과 후, 중지된 경기를 말하나. 그 경기는 성립한다.
- **타구(他球)** : 자구 이외의 9개 볼을 말한다. ↔ 자구
- **타격(打擊)** : 타자가 정지하고 있는 자구를 스틱의 페이스로 치는 일
- **타격위반(打擊違反)** : 경기규칙에 반하는 타격행위를 할 때의 반칙 명
- **타격권(打擊權)** : 타격하는 권리
- **타격순번** : 타자가 되는 순번. 1번에서 10번까지 차례로 타자가 된다.
- **타임아웃(time out)** : 경기를 계속하면서는 조처할 수 없는 문제가 발생했다고 주심이 판단한 때는 경기를 일시중단 하는 것.
- **타임오버(time over)** : 10초 이내에 타격 또는 스파크타격을 하지 않는 경우의 반칙 명
- **타자(打者)** : 주심의 타격 통고를 받은 경기자. 코트에서 입장하여 플레이 하는 사람
- **터치(touch)** : 자구를 타격하여 타구에 맞추는 것
- **토스(toss)** : 경기 준비 때에, 어느 쪽의 팀이 선공이냐 후공 이냐를 정하는 수단, 토스, 코인 등을 가볍게 위로 던져 지면에 떨어뜨려 그 면의 표, 리에 의해 선후공이 결정된다.
- **통고(通告)** : 심판원이 경기를 진행시키기 위해 경기자나 관객 등에게 음성과 제스처로 말하는 것.
- **통과(通過)** : 볼이 완전히 게이트 선을 빠져 나가는 일.
- **퇴출(退出)** : 타자의 권리가 종료된 경기자는 재빨리 코트에서 퇴출한다. ↔ 입장
- **퇴장(退場)** : 경기를 방해하여 퇴장된 감독 및 경기자는 그 경기에 두 번 다시 출장할 수 없다. 퇴장된 경기자의 볼은 코트에서 제거 되지만 그 때까지의 득점은 유효하다. 그 경기자의 번호는 결번으로 한다.
- **T자형** : 알파벳의 T형체. 스틱의 샤프트와 헤드로 만들어질 형상은 이 모습이어야 하는 것.

- 팀(team) : 감독(전임)1명과, 경기자 5명이상 8명 이내로 구성한다.
- 퍼펙트게임(perfect game) : 팀 5명 전원의 경기자의 볼이 전부 완료가 되어 25점을 취하여 종료된 경기
- 페이스(face) : 스틱의 헤드의 타격면을 말한다.
- 포기(拋棄) : 타격의 권리, 스파크타격의 권리를 포기할 수는 없다.
- 표시마크 : 팀의 감독, 주장이라는 것을 외부에 나타내 보이는 마크
- 프리존(free zone) : 경기가 부드럽게 진행되기 위해 마련한 아웃사이드 라인의 바깥쪽의 2m범위
- 프론트사이드(front side) : 게이트 통과 성립하는 방향에서 보아 게이트의 앞쪽 ↔ 백사이드 (back side)
- 플레이(play) : 타자가 코트에 입장하여 하는 경기행위.
- 플레이볼(play ball) : 주심이 선고하는 경기개시의 신호 ↔ 게임 세트
- 합성수지(合成樹脂) : 볼의 재질
- 헤드(head) : 스틱의 망치부분을 일컫는다.

참고문헌

김홍록 : 노인을 위한 여가정책개발에 관한 연구. 국민대학교 대학원 박사학위논문, 1994

김재우 : 게이트볼 경기의 타격자세 유형에 관한 조사연구, 서일논총,1997

김재우 : 한국게이트볼 협회의 발전과정에 관한 연구, 한국체육대학 체육연구소논문집, 1996, 제14권

박상욱 : 게이트볼 이론과 실제, 금광출판사, 1997

박상욱 · 김재우 : 에오로빅 운동, 도서출판 금광, 1994

박상욱 · 김재우 : Sport for all and Service Program in Physical Education

이원재 : 게이트볼, 태근문화사, 1992

장세원 : 게이트볼 교실, 대광문화사, 1994

서림문화사 : 한국게이트볼, 서림문화사, 1993

(사)한국게이트볼협회 : "게이트볼 안내서", 1993

(사)한국게이트볼협회 : 92년도판 게이트볼 기초교재, 1992

(사)한국게이트볼협회 : 경기규칙, 1996

로하스 게이트볼

2024년 1월 29일 1판 4쇄 발행

저 자 朴祥旭. 李武演. 沈香輔. 金載興. 崔允成
발행인 이 무 형
발행처 태 학 원

등 록 제2012-000070호(1988년 1월 23일)
주 소 경기도 파주시 파주읍 성현로 34
전 화 031-941-4136
팩 스 031-941-4135

가격 12,000원

ISBN : 978-89-92832-47-2 13690